The
Unscripted
Classroom

Emergent Curriculum in Action

幼儿园生成课程系列译丛

[美] 苏珊·史黛丝 著
万 斌 译

即兴课堂
幼儿园生成课程实践

南京师范大学出版社
NANJING NORMAL UNIVERSITY PRESS

图书在版编目（CIP）数据

即兴课堂：幼儿园生成课程实践/（美）苏姗·史黛丝著；万斌译.—南京：南京师范大学出版社，2018.9（2019.9重印）

（幼儿园生成课程系列译丛）

ISBN 978-7-5651-2506-5

I.①即… II.①史… ②万… III.①学前教育—课堂教学—教学研究 IV.①G612

中国版本图书馆CIP数据核字（2015）第311478号

THE UNSCRIPTED CLASSROOM
by Susan Stacey
Copyright ©2011 by Susan Stacey
Simplified Chinese translation copyright © 2018 by Nanjing Normal University Press
Published by arrangement with Redleaf Press
through Bardon—Chinese Media Agency
ALL RIGHTS RESERVED

博達著作权代理有限公司
本文简体中文版由南京师范大学出版社在中国大陆地区出版发行
著作权登记号：10-2014-470

书　　名	即兴课堂：幼儿园生成课程实践
书　　名	幼儿园生成课程系列译丛
作　　者	［美］苏姗·史黛丝
翻　　译	万　斌
策划编辑	万　斌　张泽芳
责任编辑	张泽芳
出版发行	南京师范大学出版社
地　　址	江苏省南京市玄武区后宰门西村9号（邮编：210016）
电　　话	（025）83598919（总编办）　83598412（营销部）　83598297（邮购部）
网　　址	http://www.njnup.com
电子信箱	nspzbb@163.com
照　　排	南京凯建图文制作有限公司
印　　刷	无锡市证券印刷有限公司
开　　本	710毫米×1000毫米　1/16
印　　张	11
字　　数	141千
版　　次	2018年9月第1版　2019年9月第2次印刷
书　　号	ISBN 978-7-5651-2506-5
定　　价	48.00元
出 版 人	彭志斌

南京师大版图书若有印装问题请与销售商调换
版权所有　侵犯必究

总序

"幼儿园教育是基础教育的重要组成部分,是我国学校教育和终身教育的奠基阶段",幼儿园教育也有其教育目标和教育任务,由于学前教育的特殊性,这些目标和任务需要符合儿童身心发展的特点才能很好地实现和完成。因此幼儿园课程既要考虑社会的要求,也要考虑幼儿的兴趣和需要;既要促进幼儿的长远发展,也要满足幼儿即时的兴趣和需要。

长期以来,预设课程在我国幼儿教育中占据着主导地位,预设课程有明确的目标、内容和过程,教育过程就是实施预先设计好的方案或计划,幼儿在预设的方案或计划的框架中掌握教师准备的相对固定的内容,教育目标较易落实,能够保证幼儿的基本发展。尽管现在教师在制定和实施预设课程时会越来越多地把儿童的兴趣和需求考虑进去,但教师的关注点还是更多地放在预先制定的教育目标上,强调预设目标的准确性和确定性,在课程实施过程中，容易让教师拘泥于预定的目标，并在目标的引导下对幼儿进行指导和控制，出现"走教案"的情况；很容易出现课程与幼儿学习需求之间不一致的现象，幼儿的需要和兴趣得不到应有的、有效的重视，导致幼儿缺乏参与活动的内部动机，使得幼儿的主体性难以得到充分的发挥。

随着学前教育改革的不断深入，学前教育新理念、新思维、新方法不断为大家接受。在幼儿园教学中，教师越来越注意承认学前儿童的主体地位，尊重儿童人格，尊重儿童需要和兴趣，激发儿童的主动性；承认教师是学前教育的组织者、支持者、引导者和合作者。从某种意义上讲，生成课程更符合幼儿园教育实际和目标要求，进入大家的视野后，被不断学习、接受和使用。这使得生成课程逐渐成为幼儿园课程中新的存在方式。

生成课程不是教师僵化地执行预先设计好的方案或计划的活动，也不是听任幼儿无目的、随意、自发的活动，而是教师在课程实施中，通过对幼儿的观察，发现和跟随他们的需要和兴趣，充分利用教学资源，随时调整活动目标和进程，支持、引导幼儿的活动，充分发挥幼儿的自主性，调动和激发每个幼儿的潜力，使课程不断发生和发展，促进幼儿进行动态的有效学习和多元化发展。

实施生成课程对教师而言具有一定的挑战性，除了需要激发教师创造的热情外，对教师的素质要求也很高。这种素质不仅包括专业知识和技能，而且还包括教育机智和智慧。比如，在幼儿园教育中，教师对发生的一些很有价值的事件（幼儿的问题、行为、反应等）常常捕捉不到；有时虽然捕捉到了，但教师不知如何引导，或者教师也注意引导了，但可能由于教师的知识储备和应对能力不够，无法充分发挥其应有的教育功能。这些问题也许不是生成课程本身的问题，而是由于教师还没有足够驾驭、拥有生成课程的素质和能力，致使活动流于形式，为生成而生成。

《幼儿园教育指导纲要（试行）》指出"善于发现幼儿感兴趣的事物、游戏和偶发事件中所隐含的教育价值，把握时机，积极引导。关注幼儿在活动中的表现和反应，敏感地察觉他们的需要，及时以适当的方式应答，形成合作探究式的师幼互动"。《3—6岁儿童学习与发展指南》要求"最大限度地支持和满足幼儿通过直接感知、实际操作和亲身体验获取经验的需要""要充分尊重和保护幼儿的好奇心和学习兴趣，帮助幼儿逐步养成积极主动、认真专注、不怕困难、勇于探究和尝试、乐于想象和创造等良好学习品质"。为了满足幼儿园实施生成课程的现实需要，提高幼儿园教师开展生成课程的素质和能力，我们策划引进出版了这套"幼儿园生成课程系列译丛"。

通过对"幼儿园生成课程系列译丛"的阅读和

运用，我们期待幼儿园教师能够更好地理解生成课程的理念和价值，把握生成课程的内涵，学会实施生成课程的有效方法，提高实施生成课程的水平；解决好我国学前教育领域面临的"如何处理幼儿生成的活动与教师预设的活动之间的关系""如何面对幼儿自发的兴趣？""如何让幼儿自主、自由地发展？""如何处理幼儿与教师间的关系？""如何给予幼儿适宜的帮助？"等问题，让生成课程在幼儿园广泛、正确地实施起来。这样可以更好地调动幼儿学习的积极性，让幼儿的学习更生动、更有效，发挥和发展幼儿的主体性；更好地提升幼儿园教师的专业素养和能力，提高我国幼儿园课程水平，促进幼儿的全面发展，为未来培养出更多、更好的创新型人才打好基础。

幼儿园生成课程的实施是一个动态、变化而又很难原封不动复制的过程，关键是要理解生成课程的理念、内涵，掌握其方法，具体实施水平需要在幼儿园教学过程中不断反思、总结和提高。南京师范大学出版社一直努力为广大的学前教育工作者和研究者提供先进的、科学的、有价值的学前教育理念、理论和实践产品，让我们一起为我国学前教育事业的发展做出贡献。

"幼儿园生成课程系列译丛"丛书编委会

2018 年 8 月

目录

致谢   1

前言   1
    故事告诉我们什么   3
    本书的结构   3
    介绍内奥米   5

第 1 章　重温生成课程   1
    对生成课程的误解和疑问   4
    我的故事：电子邮件项目   6
    生成课程中的决策制定   10
    群组和时间框架   11
    持续循环深入   14

第 2 章　生成课程中的创造性思维   15
    与其他成人对话的价值   16
    激发创造性思维的课堂   20
    利用多种语言来表达想法   27
    打开思路来进行创造性思维   29
    拉娜的故事：子豪和骨骼   32

按照我们的想象行动　　　　　　　　　　　　　　40

第 3 章　使用故事是教师职业发展的一种手段　　43
来自伦敦桥儿童保健服务机构的故事　　　　　　44
成人分享他们的工作　　　　　　　　　　　　　51

第 4 章　花时间去做柠檬水　　　　　　　　　　55
来自太平洋橡树学院儿童学校的故事　　　　　　56
教师的反思引发自然材料的使用　　　　　　　　62
审查过去的实践　　　　　　　　　　　　　　　64

第 5 章　抓住意料之外的事情：爆炸（和企鹅）　　67
苏珊的故事：思考爆炸　　　　　　　　　　　　69
米歇尔的故事：意外的事情　　　　　　　　　　77
反思儿童关于权力和力量的议程　　　　　　　　80

第 6 章　日常活动、回应和教师角色的灵活性　　83
介绍垫脚石儿童中心　　　　　　　　　　　　　84
莉斯的故事：转换教师和火山　　　　　　　　　85
孩子们的传统：茶和故事　　　　　　　　　　　90

第 7 章　学步儿童的生成课程　　　　　　　　　95
学步儿童和特殊时刻　　　　　　　　　　　　　95
安德里亚的故事：将教室搬到户外　　　　　　　96
香农的故事：让学步儿童与工作中的父母联系在一起　　99

第 8 章　记录生成课程的挑战　　103
有组织的、整齐的，但从不使用　　104
连接观察和课程　　106
展示课程的长期过程　　110
利用网络图的头脑风暴　　111
文档记录的是发生的故事　　115

第 9 章　支持过程：教师教育项目和管理人员的作用　　121
霍普的故事：促进放松　　121
洛里的故事：像鼓动者一样的项目协调者　　123
教师教育的性质　　126
凯瑞的故事：教师教育的不同　　127
学习的桥梁　　132

第 10 章　飞跃：即兴的路径　　137
循着探究透明度项目的路径　　138
总结　　149

附录：空白的观察表和计划表　　151

参考文献　　154

摄影致谢　　157

致谢

　　如果没有以下教师、管理者和教师教育家分享他们的故事，就不会有你手里的这本书，她们是唐娜·斯泰普尔顿、拉娜·奥莱利、安妮·玛丽库格林、梅丽莎·平卡姆、苏珊·哈格纳、米歇尔·泰西耶、莉斯·罗杰斯、安德里亚·福斯特、香农·哈里森、洛里·沃纳、霍普·莫法特、凯瑞·卡拉汉和内奥米·罗宾逊。她们从事教育的方式并不止于她们精彩绝伦的课堂教学。通过深入的思考和致力于卓越的教学水平，她们提高了我们的职业水准。她们带着无限的好奇心阅读、参加会议和加入专业组织。不仅如此，她们还过着忙碌的生活，她们可能是母亲、合伙人、社区成员。她们忙碌的步伐只会让她们的慷慨更引人注目。非常感谢她们愿意花时间和我交谈，回复数不清的邮件，并搜寻图片来丰富这项工作。

　　在我困惑或遇到瓶颈时，卡罗尔·安妮·维恩给了我支持和鼓励。我还要感谢那些在早期教育方面启发我思考的人。他们知道我说的是谁。我要特别感谢三个伊丽莎白,伊丽莎白·罗杰斯、伊丽莎白·希克斯和伊丽莎白·琼斯,是她们激发了我的新想法,理清了我的思路。

伊丽莎白·琼斯前不久从高校教学岗位退休,我想借此机会感谢她在这一领域所做的工作。她的思考、写作和教学总是那么温暖、诚实和幽默,其重要价值是无法估量的。我代表大家感谢她!

前言

作为一个教育工作者，你每天都会寻找解决方案和做出决定。有时你要反应迅速，第一时间对游戏中发生的事情做出回应，及时回答儿童提出的问题，及时根据观察为儿童提供支持；有时你要实施设计好的活动。你要如何确定设计内容？怎样实施你的决定？你是效仿别人设计好的活动，还是自己判断什么时候适合给特定群体的孩子开展什么活动？

生成课程被定义为一个循环过程，这个循环包括如下内容：

- 用心观察和聆听儿童；
- 与他人一起反思并讨论所发生的事情；
- 以支持儿童想法、疑问和思考的方式做出周到的回应。

在一个生成课程的环境中，教师回应儿童时应该随机应变，因为儿童的想法常常是出乎意料、发人深省或是令人费解的。传统的预设课程的书籍不能为教师提供应对儿童的行为方面的指导。使用生成课程的教师必须创造性地思考，将儿童的思维放在课程的首要位置，同时也对家长和管理人员负责，并进行专业的实地指导。

生成课程对各年龄段的儿童均适用。使用生成课程的教师是敏锐的观察者和倾听者。这样的品质可以很好地应对各个年龄段的儿童的需要。通过密切地观察不会说话的学步儿童，耐心地倾听学龄前儿童之间的热烈讨论，或对一年级儿童的想法做出回应，教师才能给予儿童他们应得的东西。所有儿童的能力、想法和行动的价值应该得到认可。

许多教师热衷于使用生成课程，因为生成课程能够给教师提供多种选择，以及用创造性的方式对儿童做出回应的机会。当儿童有机会完全沉浸在自己的探索、话题或想法中，教师和儿童都能从中受益。

在我的职业生涯中，我曾广泛接触实习教师、新手教师和经验丰富的教育工作者。当首次引入生成课程时，他们都有相似的问题：我该观察什么？我怎么知道接下来要做什么？我怎样确保自己回应儿童时能做到随机应变？我怎样满足组织提出的标准要求？而且，有一个问题他们问得最频繁：在儿童的游戏中有如此多的切入点，我怎样选择自己的关注点？

故事告诉我们什么

了解教学最重要的方法之一,是观察别人工作时的做法,并与他们对话,了解他们为什么以一种特定的方法做事情。本书是建立在教师们分享教学故事的基础上的,这些故事来自于他们自己的课堂。特别是关于他们如何做出决定,或者他们为什么要做某件事。通过理解他们的创造性思维,你很可能受到启发,走出你通常的脚本而去尝试某些新的东西,这些东西将观察与课程联系起来,给你带来工作热情,同时让你的课堂实践通过儿童和教师之间的合作得以创新。

本书的结构

第 1 章首先回顾什么样的课程是生成课程,什么样的课程不是生成课程,建立一个共识和词汇表,论述了观察和倾听的作用,以及一个生成课程的例子——一个名为"电子邮件项目"的故事。一个来自"电子邮件项目"的短对话被用于分析决策制定、孩子群的工作和时间框架,得出信息。

第 2 章考察创造力。什么是创造力?它在教师日常的教学实践中看起来像什么?本章考察了对话的价值、指导教师的作用、物理环境、儿童对环境中材料的使用。"子豪和他的老师"的故事正说明了教师的努力和成功，这些努力和成功体现在教师尝试使用创造性的方式与儿童合作了解恐龙骨架的过程中。

第 3 章解释了教师讲故事的重要性和好处。比如，某组织的一名员工分享了作为职业发展手段的教学故事。来自教师们的两个故事例证了生成实践和教师反思。

第 4、5、6、7、8 章重点讲述教师的故事。这些课堂实践的例子各不相同，但都与教师回应挑战和儿童的想法是否有创造性、是否灵活相关。其中包括回应观点和事件的多种方式，如：

- 开发更富有挑战性的行为和活动。
- 鹰架儿童的知识。
- 改变物理环境。
- 使用文档作为反思的工具。
- 跟随意想不到的课堂教学走向。
- 罗列课程中可能出现的生成情况。

第 9 章呈现了教师教育项目的作用及其对幼儿教育的未来的影响；检验了当前关于生成课程的教学和学习，以及面临的挑战；从两个方面讨论了管理者这一角色，即管理者需要具备的技能类型和管理者必须为员工提供的支持类型两方面，因为管理者的领导地位通常决定了所有课程的成功路径。

第 10 章从一个刚刚接触生成课程并且对生成课程还不熟悉的教师的角度出发，考察了一个汇集生成课程所有方面的项目，比如"教师有什么样的创造性的回应？教师会有怎样的感觉？"等等。本章还探讨了你现在能做的事。当从事新的实践或者为了丰富现有的教学方法时，在头脑中先形成目标总是明智的。为了开个好头，本章还提供了一些想法和资源供你思考。

最后是参考文献部分，其中包括了引用的作品，以及可以支持你工作和思考的材料。其中的一些资源可能会带你走出你的专业领域，这是我们有意为之的。当我们读到与自己的职业无关的类型的作品时，我们经常会对自己的专业领域有更深的洞察或是能发现一种新的思维方式。

介绍内奥米

内奥米是一个真实的人。她是一位从事学前教育的教师，使用生成课程仅一年。虽然她熟悉生成课程的外围理论，但当她从幼儿园小班调到托儿所的教室时，内奥米感到既兴奋又困惑。她对于能够学到很多有关生成课程的教学方法感到兴奋，但由于生成课程的教学方法与她以前尝试使用的教学方法是如此不同，她又因此感到迷惑。

在托儿所的第 1 年，内奥米坚持写教学日记，记录她的成功、她的疑问和她的失衡。正如前面提到的，教师之间分享他们的故事是重要的，内奥米十分慷慨，她同意将自己在新冒险过程中获得的一些想法与大家分享。本书中，内奥米日记中与正在讨论的主题相关的片段贯穿始终。我希望这些日记内容会给教师们以信心，期盼一些读者能够从她的字里行间认清他们自己。

当一个教师像内奥米那样走出了自己的舒适区时，他将豁然开朗。通过拓展我们的先验知识和进行创造性的思考，我们可以尝试利用原有的反应或尝试新方法。教学中的创造性给幼儿提供了刺激、参与、激情和对学习的热爱。它还提供了机会让我们更新教学、重新审视我们的教学实践以及检查我们在教学中这样做的原因。

1

> 教师既不为学校带来课程,也不是课程唯一的创建者。确切地说,教师只是"学校"这一关系的创建者之一。
>
> 教师对学校的贡献不仅是带来或创建课程,而且更重要的是在学校建立各种关系。
>
> ——卡罗尔·布朗森·戴

第 1 章　重温生成课程

生成课程允许教师围绕儿童的想法、问题、发展状况和感兴趣的话题与儿童进行交流与合作。这是一个连续不断的循环过程,它要求教师近距离地去仔细观察儿童,倾听儿童的想法。观察和倾听儿童的所做和所想,这会让教师在经过深思熟虑后再做出回应,并且这些回应也是通过教学团队的讨论而产生的。教师们可能会问自己:"什么是孩子真正想了解的?""这个探索背后隐藏的成长目标是什么?"或"这个孩子是怎样试图弄明白这个的作用原理?"这些问题促使教师去思考接下来会发生什么,如何进行或者后续观察要寻找什么。

生成课程不是一个新的方法,但许多学前教育者和小学教育者仍然感到陌生。通过训练,教师可能更熟悉按照固定时间开展的主题或单元教学,或者也可能学会用发展的眼光着手处理课程规划,思考"针对大部分在这个年龄阶段的孩子,我们应该

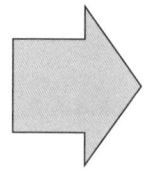

与其他人一起对观察、经验和故事进行反思。

持续的观察和对问题的梳理。

什么激起我的兴趣或让我感到困惑?我在怀疑什么?

下一步做什么?

生成课程是一个连续不断的循环过程

具体地说,儿童试图找出什么?

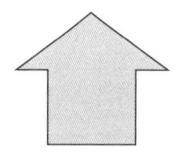

儿童做出了怎样的回应?

在引导、支持和探究方面,我们提供了什么?

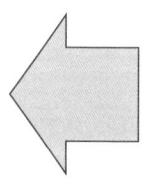

这一切意味着什么?寻找模式或深刻理解。

图 1-1　生成课程开始于观察和对问题的梳理,并按照观察、反思和回应的过程进行连续循环。这个周期的反思阶段让教师有时间去讨论孩子们在做什么,由此生成一个回应

这样做"。作为一个组织的一部分，教师也要一起按照成绩、目标或者基准来衡量。但在开发恰当的课程时，需要思考并写下具体的发展目标，我们必须考虑这些目标或结果如何适应个别儿童的具体情况。重要的是要考虑儿童的兴趣、问题、知识基础和文化背景。

在本书中，"项目"一词是指一个长期（数周或数月）或短期（数天）的儿童感兴趣的主题活动。通过与儿童的合作和鹰架他们的学习，教师可以将项目深入下去，而不是停留在表面。例如，如果将鸟类的研究作为持续几天的主题活动，教师就可以在鸟的栖息地、树木、筑巢、语言交流等方面激发孩子们的兴趣，然后进一步深入到研究整个鸟类的世界，从而使其成为一个深度调查。

探究是另一个与生成课程有关联的概念。探究是一个循环往复且不断深入的过程，它可能初始于儿童的一个问题或"理论"，或者始于教师对儿童的观察。通过教师的反思，教师提供引导（比如预备的活动或材料）来确定儿童感兴趣的程度，观察会发生什么。如果这个主题能引起儿童持续的兴趣，教师将进一步提供引导，与孩子交谈，并再次观察、反思。探究的连续循环允许所有的参与者——成人和儿童——深入挖掘主题，如果有正当的原因，也可以转入相关的主题。

内奥米的日记

我发现自己起初相当受打击。我努力调整和开发适合这个年龄段孩子的教育方法。对我来说，这一切都是新的，我也因此感到兴奋。由于不知道要关注什么，以致要关注的东西实在太多，我有时感觉被过度刺激了。我想孩子们也常常会发现自己有类似的感觉。如果是这样，那么我一定要在开始就让事情简化，可以先从材料开始。乐观地讲，挑战也有积极的作用，经过长年的积累，我相信我一定能做到驾轻就熟，轻车熟路。

对生成课程的误解和疑问

有责任心的教师在设计高质量的课程时，总是把儿童所有的发展领域——身体、认知、精细和粗大运动、语言和交际、社会和情感——考虑在其中。一些关于生成课程的常见的误解在学术性学习中会出现。最常被问及的问题是怎样把生成课程和儿童的语言、读写、数学和科学概念的学习融为一体。

所有的课程都要是生成的吗？ 这取决于如何定义课程！如果正像劳拉·迪特曼（Laura Dittmann，1970：1）所言，"课程是教学中所发生的事情"，那么孩子们所做的一切都可以为课程发展提供素材。如果这个问题指的是可以深入开展的项目，那就另当别论了，因为项目不会时刻生成。有时，在课堂教学顺利进行的过程中，孩子们会对某个事物的工作原理产生浓厚的兴趣，或对与他们经验相关的事物产生想法，教师可以留出时间对这种兴趣和想法进行探讨。孩子们探索材料，学习小组合作，建立相互的关系，玩过家家，做所有其他在早教机构里做的事情，而这时教师则在一旁仔细观察和倾听，以便准备好对孩子的兴趣和问题做出回应。

从理论上来说，在使用生成课程的即兴课堂会发生什么？ 当孩子们想要了解某些事情时，他们会表现出一些迹象。教师如果忽视这些迹象，则是不负责任的表现。我们一直留意这些线索。例如，我们可能会听到孩子询问印刷的问题，看到他们尝试做书，从书里了解，从环境中识别印刷品。在任何环境，包括使用生成课程时，我们应对这些线索做出回应的方式是，提供适性发展机会，以有意义的方式使用印刷品。卡罗尔·科普尔（Carol Copple）和休·布雷德坎普（Sue Bredekamp）的著作《0—8 岁儿童早期适性发展课程》(2009)概述了适性发展机会。不论孩子是否投入一项探究或一个长期项目，适性的引导、教室学习区域和机会仍然存在。

事实上，将印刷、数学或科学概念合并到一项调查研究之中更容易，孩子们也非常着迷于此，因为儿童内在的动机促使他们要写、画和深入思考。科学调查需要标注和解释，基于阅读的研究需要围绕不熟悉的主题展开，并且需要使用数字、图形等其他方法。孩子们做的所有这些都是很有意义的，因此，本质上与学者的研究一样吸引人。

怎样评估呢？ 本书所收录的文档是教师用来评估儿童的一个极好的方法，可以用来评估儿童知道什么、理解的深度如何、他们的需求是什么。孩子的成长文档夹是一个特别有用的文档形式，在教师与家长讨论孩子的进步时特别有用。这种成长文档夹易于开发，且能促使教师深入观察每个儿童。

当孩子们对一个话题真正感兴趣时，他们会充分地参与其中，这时如果教师将观察和倾听到的东西记下来，将能够揭示那些话题非常有意义的原因。教师怎样才能提前几周或几个月选择主题调查活动？孩子们在快速发展，他们对想法和问题的思考速度和结果是教师无法预料的。在很小的时候，孩子们还能想出自己的理论来解释世界是如何运转的。孩子的理论如果被认真对待和记下来的话，通过探索他们的想法和支持他们的活动，就可以更好地鹰架他们对感兴趣的主题的学习。

运用生成课程时，作为知识的合作建构者，教育者陪伴着孩子们一起学习，密切关注孩子们的思维和问题。当孩子的思想和主题让教师意想不到或感到费解时，这时由教师来开发课程，并和孩子们一起学习成长会更加有趣。增加一些令人兴奋的主题，而不是将孩子们限定在他们熟悉的主题里，将有助于保证课程教学愉快地进行，比如用探索电子邮件、因努伊特石堆、航线、被褥或雕像等主题代替常见的交通、季节或家庭等主题。这些更不寻常的调查（所有这些我都和孩子们一起经历过）不太可能在既定课程的手册中找到，因为那些既定课程的手册已经规定好了活动的内容和要提的问题。新的主题需要教学团队根据儿童的想法，用创新的方法对儿童做出回应，才能产生。

内奥米的日记

我很享受近距离地观察孩子们和认真做文档记录的学习过程。我现在明白了，作为一名教师，过去我真的可能已经错过了许多可以利用的时光，没有好好关注孩子知道和不知道什么、对什么感兴趣或不感兴趣。我觉得我已经变得能够较好地"阅读"儿童，甚至是较好地"阅读"自己了。

我的故事：电子邮件项目

生成课程的循环周期始于观察和倾听。教师应该倾听儿童的清晰的想法，发现隐藏在儿童所说的话背后的东西。观察和倾听能帮教师解决以下一些问题：儿童的意思是什么？他们是怎样得出那个结论或想法的？他们在该领域的先验知识是什么？我们怎样才能得到更多他们理解事物的信息？

3—5岁的儿童往往能表达他们的推理——为什么他们会思考他们在思考的东西，或者关于某事他们知道什么——当他们面对一个专心的和有兴趣的听众时。这个听众必须能够与儿童保持对话，提出真实的问题。真正的对话是需要双方能够互动的，这将使得参与的双方能够从对方那里收集到信息，并为对方提供信息。

在新斯科舍（加拿大省名）省哈利法克斯的哈利法克斯文法学校的4—5岁儿童的教室里，有了一个让孩子们谈论电子邮件的机会。我们没有从电子邮件开始这个主题活动，而是从孩子们更熟悉的普通邮件开始的。孩子们之前建造过他们自己的邮箱，那时我们也讨论过邮件是如何工作的。在这一对话过程中，这些孩子可能知道一些关于电子邮件的事情，我想进一步探究这种想法。

教　　师：还有其他的发送邮件的方式吗？

亚历山大：有的！电子邮件，我妈妈发送过电子邮件！

教　　师：那电子邮件是怎样工作的呢？

亚历山大：它有文字……它从邮箱里发送。

努　　尔：不对！它是从打印机里发送的！

奥　斯　汀：是的……你用打印机……（模拟用手打印）。

努　　尔：这是在计算机里完成的，接着会出现一个正方形。你按照箭头指示去做，邮件就会在打印机上打印出来了。

教　　师：啊……所以说电子邮件的速度比普通邮件的更快，是吗？

努　　尔：对，电子邮件的速度更快（所有孩子点头同意）。

利　亚　姆：你只要按下按钮，它就会说"芝麻开门吧"！

这三分钟的对话提供了关于儿童的原有知识和理解程度的丰富信息。

我的问题"邮件是如何工作的?"是一个真正的问题,我不知道这个问题的答案,因此,我并不是为了测试儿童或是想要寻找一个正确的答案。我过去没有(现在仍还没有)了解电子邮件是如何工作的细节,我只是试图了解孩子们关于这个神秘的交流方式的想法,这种交流方式在我们生活中是很常见的。

这个问题也很难回答。电子邮件通信的概念是困扰人的难题,难以去解释。这种类型的问题可能通常不会问年幼的孩子。但是我们意大利瑞吉欧·艾米利亚的同事们告诉我们,要相信孩子的能力。我们不应该低估孩子,他们乐意尝试解释复杂的事情。通常,孩子们会试一试,他们会把想的内容自言自语地说出来。这是很有益的,因为这为其他孩子提供了插话的机会,也可以让教师了解到他们的想法。

> **关于电子邮件的对话**
>
> 在一次定期讨论(11月20日)中,发生了以下的对话。
>
> 史黛丝教师:还有其他的发送邮件的方式吗?
> 亚历山大:有的!电子邮件…我妈妈发送过电子邮件。
> 史黛丝教师:那电子邮件是怎样工作的呢?
> 亚历山大:它有文字……它从邮箱里发送。
> 努　　尔:不对!它是从打印机里发送的!
> 奥　斯　汀:是的……你用打印机……(模拟用手打印)。
> 努　　尔:这是在计算机里完成的,接着会出现一个正方形。你按照箭头指示去做,邮件就在打印机上打印出来了。
> 史黛丝教师:啊……哪一个速度更快,是电子邮件还是普通邮件?
> 努　　尔:电子邮件的速度更快。
> 利　亚　姆:你只要按下按钮,它就会说"芝麻开门吧"!
>
> 反思这段对话,我们能够获悉孩子们先前具有的关于电子邮件物质形态的知识和经验,比如电脑、键盘、按键发送、打印机打印信息等。然而,我们想知道孩子们能否更进一步表达出电子邮件是怎样到达它的目的地的。

图1-2　电子邮件项目文档的第一页

第一个孩子的反应显示出一些混乱。他知道电子邮件有文字，但他又提到传统的邮箱。努尔试图插话纠正这个概念，提出了文字进入打印机的想法。当教学团队一起思考这段表述时，起初大家觉得令人费解，后来完全可以理解。电子邮件显示的外在样子——孩子看到的具体的东西——通常是从打印机打印出来的电子邮件信息。

第二个孩子没有想到键盘这个单词，而是用手指模仿在键盘上敲击的动作，以此来解释电子邮件信息的打字处理过程。

努尔最后的表述表明她对电脑屏幕上实际发生了什么是熟悉的：对努尔来说，电子邮件是"在计算机里"的。教学小组用一个"正方形"来指代在计算机屏幕上出现的窗口。你"按照箭头指示去做"，可能是指鼠标点击和光标，然后"邮件就在打印机上打印出来了"。努尔最后的表述说明，对她来说，电子邮件确实是从打印机里出来的。

从最后一个孩子利亚姆的表述来看，我们看到技术世界和经典文学世界之间存在着一个可爱的连接。"芝麻开门"是来自《阿里巴巴和四十大盗》的咒语。当一个孩子看到一个成人点击电脑屏幕上的窗口，一条信息就出现了，这确实让他们感到很神奇。

通过这个简短的例子，我们可以看到关注孩子的想法，提出真正的问题，然后通过反思，试图解释回应是如此的重要。这种反思和解释，如我在我的第一本书《早期儿童环境中的生成课程》中所指出的，被称为"失踪的中间"。当观察和对话与一个课程计划链接时，这种反思和解释有时会失踪。教师是一个繁忙、多任务的群组，我们往往要高效、快速地想出一个如何回应孩子的计划。在我们继续行动前，我建议我们花些时间停下来思考，如果有必要可以花几天时间来思考。教师团队应该讨论孩子的想法，反思孩子的行为和言语显露出来的他们的理解或误解。只有这样，我们才能继续制订好下一步的教学计划。比如，在关于电子邮件的对话这个例子中，我们花了几天时间来决定这个主题是否值得继续进行。

教师怎样决定继续做什么？我们每天看到和听到许多孩子的想法和可能发生的事情。我们如何决定跟随哪些想法？我们如何决定做些什么？

生成课程中的决策制定

当我们和孩子在一起待了较长一段时间后，我们便能很好地了解他们。我们知道对于孩子而言什么是新的，什么是熟悉的。我们知道他们的发展阶段、兴趣、优势和他们会面临的挑战。我们与孩子们处于一种关系之中。我们与他们一起思考，相互开玩笑，有很多的对话交流。了解孩子是构建课程的基础。

如果你对一个主题是否值得研究心存疑惑，那么你可以放慢脚步，进一步观察。你可以问自己以下的问题：

- 主题涉及多少孩子？孩子们的兴趣是单独跟进的，还是以小组或大组的形式跟进的？
- 他们是在对主题提出问题，还是试图自己推动主题前进吗？这里重要的是关注孩子提出的问题，以便了解孩子接下来的探究方向。一个大的话题（比如海洋）有许多探究的可能性，孩子们的问题将有助于指引你。
- 他们互相交谈时在说些什么？这些对话常常告诉我们孩子们真正理解和误解的是什么。
- 在游戏过程中，他们正在表演与主题相关的场景吗？游戏是解释孩子们的思考和想法的语言。在这些场景中我们看到了什么？我们能按照我们看到的继续行动吗？

- 即使教室里的活动改变了原来的走向，他们还能够重新回到这个主题吗？他们坚持回到原来的主题，说明他们对这个主题确实有着巨大的兴趣。

在同一时间所有的孩子都在做同一个探究活动，这是很罕见的，也是值得重点关注的。通常，一个大组群里有多个议题，大组群里的各个小组群又有着不同的兴趣。

关键是教师要对主题的理解进行更多的思考。如果你对孩子们感兴趣的领域了解不多，你会很容易找到更多的主题吗？你能介绍其他专业人员来分享专业知识吗？你有更大的社区资源来支持探究吗？换句话说，你能学会与孩子们合作吗？

群组和时间框架

由于早期儿童教育工作者大多以团队形式一起工作，这就可能让不同的人负责不同的兴趣主题。例如，一个老师可以和 6 个孩子组成一个小组，围绕建造一个机器的主题开展活动。另一位老师可以尝试与其他孩子一起学习有关颜色和线条的主题。如果团队中还有第三位老师，他可以做更多杂务性的工作，在教室里到处看看，也许还可以支持其他孩子进行阅读或建构活动。电子邮件项目就是这样一个例子，它显示出不同的教师是如何负责不同的兴趣主题的。

最初的谈话有 6 个孩子参与。有些孩子提出想法，有些孩子在聆听。这 6 个孩子在接下来的几天里继续谈论电子邮件，当我使用电脑发送电子邮件时，他们就很关注。因为我们教室的日常活动有小组时间，我就很容易地与这群孩子一起着手进行电子邮件的调查研究。我的教学合作

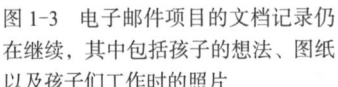

图1-3 电子邮件项目的文档记录仍在继续,其中包括孩子的想法、图纸以及孩子们工作时的照片

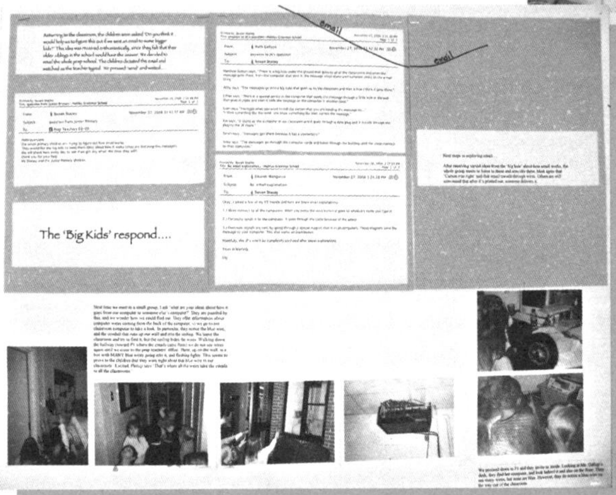

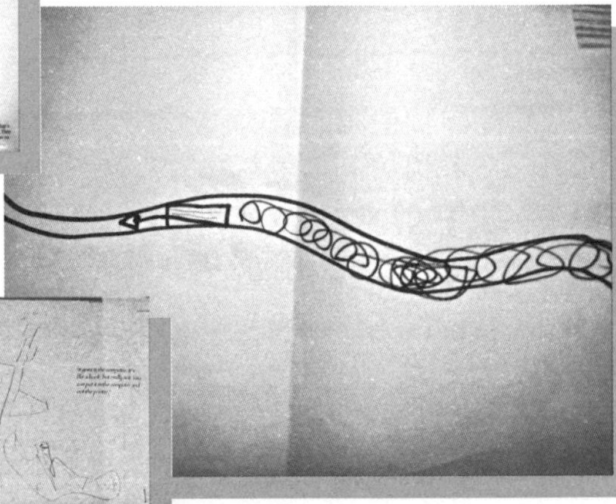

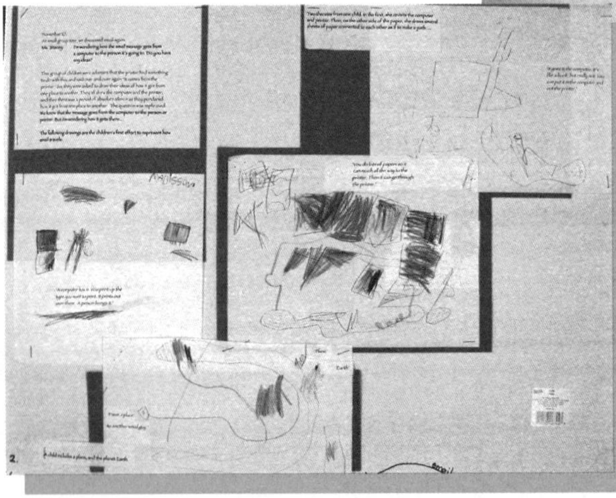

伙伴马丁尼与其他孩子一起，从那些孩子们感兴趣的领域出发来满足他们的发展需要。

这6个孩子对电子邮件的调查研究持续了两周。他们认为电子邮件与电脑的电线有关，电子邮件中的文字通过电线进行了旅行。在为期两周的课程里，我们通过学校的网络电线，给大一点的孩子发送电子邮件，向他们询问电子邮件是如何工作的（获得了一些非常复杂的回答，这些回答即使是教师也不是很明白），最后得到结论。

这项工作被以文档的形式记录下来，当数月以后电子邮件被再次提起时，孩子们能够根据这些文档，重新回忆起他们原来的想法。这个小组的孩子是唯一对电子邮件感兴趣的小组。

当一个想法真正让一个小组的孩子兴奋并吸引他们投入其中时，通常其他孩子最终也会加入进去。一个好的想法是会传染的，其他孩子常常会提出他们自己的想法来丰富这个项目。当这种情况发生时，利用班会（围坐成一个圆圈）时间，大家可以互相分享各自的想法。在分享想法时，可以让一位教师在旁边做记录，记下孩子们的话，这样直接与孩子们交流的老师就能全身心地倾听和思考孩子们说的话。但如果是一个教师单独工作时，或者教学团队想在稍后的时间听对话的内容，也可以使用数字录音机。

在某些教室，根据日常活动的组织形式，教师可以提供一个特定的时间给小组调查研究，比如小组时间。只要提供的时间足够长、足够灵活，同时在班级环境里提供了专门的材料，供孩子们继续试验和全天候的调查研究，这都将会有很好的效果。例如，工作室或艺术区应该包含许多途径，让孩子有机会表达他们所知道的或所感兴趣的内容。

持续循环深入

一个想法出现后，孩子们和教师要想继续将活动往深处推进时，提供更多的材料和更大的空间将是必要的。活动支持者，比如教师，年龄大点的孩子或特邀者，以及为帮孩子构建有关主题的深层认识而设计的活动，这些也都是必要的。与此同时，继续观察和倾听同样重要。更多的想法会涌现出来，这时我们就要更加关注孩子的新想法、出现的新问题和引起的不可避免的路径转变。这些问题和对话将项目向前推进。换句话说，这些活动和孩子们自己为问题提供了答案，比如，"下面做什么？""孩子们想知道什么？""教师关于孩子们的活动有什么样的问题？"以及"教师们怎样能找到答案？"

本书述及了生成课程的各个方面，但没有涉及教师的教学方法。有些页面旁边用了边注的形式，将文本内容与生成课程的特定方面相链接，其中包括内奥米的一些思考。从内奥米的思考内容可以看出，她最初在生成课程环境中工作时，也是如此的不熟悉。

> 希望你能看到螺旋式深入的生成课程，而不是看到一个"做什么"和"何时做"的整齐列表。在一个教师和孩子们之间存在呼应的教室里，一件事情会导致另一件事情。孩子们的想法会导致教师或活动的特邀人员之间的回应、对话，并产生一个活动。这个活动又会促使教师思考更多的问题。在生成课程中，很少有从A到B的笔直的发展路径，这就是生成课程如此令人兴奋、刺激和发人深思之处。这也是生成课程富有创造力的一个重要方面。下一章将呈现创造力和生成课程的关系。

> 我认为创造力是一种新鲜的、警醒的和敏感的思想。这种思想不是枯燥的、机械的、畏惧的和被束缚的。创造力是一种在整个身体流动的能量。拥有了创造力,会让人每一天都感到充满了新鲜感和潜能。
>
> ——F. 大卫·皮特

第 2 章 生成课程中的创造性思维

当被问及"创造力是什么"时,许多人立即会想到绘画和表演艺术,脑海中浮现出画家、雕塑家、音乐家、演员和设计师等形象。

创造力的外延远远超过艺术所及的范围。长期以来,富有创造力的思想家,包括科学家、艺术家、哲学家,已经推动社会去用变化的方式进行思考,发现不同的技术和方法,解决问题或者开发新的令人兴奋的东西。但社会很少意识到蕴含在数学、科学和研究中的创造性。

当我们试图用文字来定义创造力时,对创造力是什么、它看起来和感觉像什么以及当它存在时我们如何知道等问题,很明显会有很多的不同意见。根据我们的阅读和经验,创造力涉及新颖的思维、创新或构造联系等方面。当我们思考什么样的老师才是富有创造力的老师时,我们脑海里会出现什么呢?

米哈里·契克森米哈里（Mihaly Csikszentmihalyi）、霍华德·加德纳（Howard Gardner）、肯·罗宾逊（Sir Ken Robinson）等学者和很多其他人一样，已经对创造力做了大量的思考和著述。罗宾逊（2009）提及创造力和其在教育上的缺失时，提出了一个有趣的观点：既然我们不知道20年后的世界会是什么样子，今天的幼儿将来成为成人劳动力时，我们怎么可能知道要教给他们什么？答案当然是：教给他们很快过时的东西是无用的。相反，我们必须让孩子学会如何学习，并享受这个过程。孩子们还需要很多机会去构建他们自己的知识。学会如何调查研究和思考是一个强有力的武器，并将永远为孩子们所用。如果他们成为富有创造力的思想家，他们将拥有发现未知路径的潜力。

什么样的学习氛围能够为孩子们和教师搭建进行创造性思考的舞台？要为学习者提供什么样的支持？环境在其中起什么样的作用？这样的环境在现实中看上去和感觉上像什么？为了回答这些问题，我们必须审视对话的价值、物质环境和表达想法的多种方式。

与其他成人对话的价值

那些能够创造性地回应孩子的教师经常说，当他们独自思考时他们很少获得奇妙的想法。而当与人随意交谈、互动对话时，他们彼此交换想法，集思广益就能跳出原有的框框，碰撞出思维的火花。

下面是一些让人印象深刻的对头脑风暴的阐释。设计师凯西·考尔巴赫（Kathy Kaulbach，2010，pers. comm.）指出："我们必须与那些敢于进入未知领域的人员进行头脑风暴。这不是为了表现自我，而是为了真正听取别人的想法并考虑不一样的意见。"当头脑风暴让你恍然大悟时，你就会感到兴奋，你就会理解大家在一起共同思考的力量，正像埃莉诺·达克沃斯（Eleanor Duckworth，2006：1）所说的"拥有美妙的想法"。例如，在教师间谈论分享一个令人费解的游戏场景或者一个孩子的问题，当你听到别人的观点时，那个原先让你感到困惑的事情会突然变得很清楚。其他人也许会给你提供一个你没有想到的解决路径。当你正在复杂的处境中苦苦挣扎时，其他人的观点总是会富有启发作用。

或者，你可以选择与某个跟你的职业毫无关系的人交谈。但在听他们讲述他们自己的工作时，你突然会将这些与你的工作联系起来。这在我身上已经发生过很多次，特别是当与亲密的朋友交谈时。我自认为自己没有足够的关于大脑的知识来解释这种现象。我只知道当我在听到别人谈论一本书、一个想法或经历时，有时似乎是有一扇窗户在我脑海中打开了，并且我能够将他们的想法与我自己的工作联系起来。这个经历对我来说是个谜，但它对我有价值。我相信这种将别人的经历与自己的工作联系起来的能力，一定与我们对可能的连接采取开放的心态有关。通常，我们在使用开放思维这个术语时是轻松随意的，但是涉及工作时，我们的态度往往是封闭的、照本宣科的，而不是开放的。相反，在做任何事情时，我们应该保持对多种可能的方式的开放态度，这应该成为我们每天与孩子们相处的常态。

内奥米的日记

今天我与一个同事有一段有趣的谈话，她是我教一年级时的教学搭档。她提出的有关生成课程的问题，我都要绞尽脑汁来回答。虽然我感觉没有准备好回答她所有的问题，但思考这些问题却有助于我回答我自己在这方面的疑问。

一个主任的贡献

唐娜·斯泰普尔顿（Donna Stapleton）是新斯科舍省（Nova Scotia）布里奇沃特（Bridgewater）的小世界学习中心主任，她努力为教师提供时间去做开放性的思考和讨论。她知道对话将有助于教师思考下一步如何对孩子所做的和所说的做出回应。像大多数早期儿童教育的主任面对的实际情况一样，窘迫的财务预算要求她充分利用会议时间，也不允许她支付工作之外的会议加班费。所以唐娜决定改变中心每月举办一次的普通员工会议，让员工会议不再是用来处理业务和日常项目，而是用来给教师分享他们的工作，并做深入交流。

唐娜将这种共享时间与生成课程的研究联系起来，员工每个月阅读一章《儿童早期课程设置中的生成课程》（Stacey，2009）。然后他们在教室里用学习到的概念进行探索和实验。在员工会议中，他们讨论探索的结果。这种学习小组的反思性质的对话交流鼓励教师将理论与实际联系起来，鼓励教师向其他人清楚地阐述发生了什么，这意味着什么和接下来她将尝试什么。以下是唐娜对这个过程的描述。

每个教学团队都会用开始的10分钟描述他们在教室里做了什么和接下来可能发生什么。他们谈论"我们学过什么？""我们还能做什么？"等问题。令人激动的是，教师将学到的东西与自己的工作建立了连接，但如果他们没有参与阅读和对话交流，他们就不会建立这些连接。不同性格类型的人都参与进去了，不论是在群体中不喜欢说话的人，还是说话比较多的人。每个人都有时间去讲话，大家再跟进讨论。我认为一些比较安静的老师在他们自己的时间里消化处理对话内容，并能在几天后带来好的点子。有时我觉得性格内向的人实际上反思得更多，因为在回应前他们会真正利用时间去处理信息。

在这个过程中，我们的父母很支持我们，为我们提供食物，这样我们可以一边讨论一边吃晚饭。我们使用大型流沙计时器控制每个人的发言时间，因为我们的时间有限。这些都是晚上的会议，每个人都有家庭要照顾，而且到了晚上大家也都很累。我们要给每个人说话的机会。对有些人，10分钟似乎是一个很长的时间，但对其他人却是真的很短。人们专心倾听彼此的发言，当某些事情突然变得清晰时，我们常会感到灵光一现。当教师们看到同事为工作而变得兴奋时，他们也开始看到自己工作的价值。这有助于他们回忆之前也许被忽视的工作时刻。

了解同事的另一种方式，就是工作上偶尔花点时间交换位置，在对方的教室工作一两天。当你新到一个教室，用新的眼光看教室里的一切，你就能够对原来没有注意的事情提供真正有意义的建议。

大多数早期儿童中心都会定期召开员工会议，这些会议的内容通常是讨论更新旧脚本、新闻、政策、问题议题等。唐娜的员工在努力实施生成课程，但他们缺乏开会的时间和资金，为此她发现了一个更有创造性和价值的方法来安排时间。

唐娜说，大部分的新消息通报和业务通报，都是在员工办公室通过书面材料来交流，琐碎的小事在白天的接触交流中就解决了。因此在员工会议上似乎没有人再想到要处理这些问题了，整个组织的运行就很有效率。

值得注意的是，唐娜的早期儿童中心将重点放在分享、实验和学习上。创造是一个过程。肯·罗宾逊（Ken Robinson）在《元素》（*The*

Element)（2009：71—72）一书中描述的创造是这样子的："创造过程始于一个模糊的概念……这个概念需要进一步的发展。这是一段旅程，可能有许多不同的阶段和意想不到的转变；它会利用不同种类的技能和知识，并在事先完全不可预见的地方结束。创造包含几段互相贯穿的不同过程。第一个阶段是产生新的想法，想象不同的可能性，考虑可以替换的选择。"

当唐娜决定改变员工会议的开会方式时，她就想象到了不同的可能性，她的员工也因此受益了。他们现在选择一起思考他们最初的模糊概念，利用他们能用的各种技能和知识，去思考孩子未来生涯中更多的可能性，以及他们自己研究的可能性。

激发创造性思维的课堂

考虑到关系时，我们往往倾向于落脚在人与人的关系上。作为幼儿教育者，我们常常考虑的是与幼儿之间建立的关系，但孩子们还与物质环境之间存在着关系。教室环境如何演变和发挥作用，会清晰地传达出教师的价值观和哲学思想，并直接影响孩子们对此做出回应的方式。如果我们希望在我们的教室能够召开一个想法研讨会，研讨这个世界是如何运转的和我们在其中扮演的角色，那么我们必须考虑的是在设计我们的教室时如何支持使用创造性思维。

什么样的房间和空间能为创造性思维营造一个理想的氛围？对不同种类的环境，我们会做出不同的回应，这取决于我们的性情。你可能更喜欢待在一个安静的房间，而你的同事可能更喜欢处在背景嘈杂的环境里。对于有些人来说，自然光和美好的审美环境是培养他们创造力的催化剂，而对于另一些人而言，舒适的书房、微暗的灯光或者在室外工作更适合培养他们的创造力。米哈里·契克森米哈里（Mihaly Csikszentmihalyi）在他的著作《创造力》（*Creativity*）（1996：146）中解释道："在任何时间点，最重要的是我们创造了周边环境、活动区域和日程安排，以便让自己和谐地与自己碰巧定居的地方相处……这对日常生活的影响很简单……应该有空间让人沉浸于其中，以便集中精力激发出新奇的东西。你周围的物体应该会帮助你成为你想要成为的人。"

这段引言让我想起一个朋友，她是一个艺术家和作家，她叫诺琳（Norene）。她的工作室布满了有趣的、异想天开的东西。有从杂志中剪来的图片——美丽的远景、奇怪的设计、有趣的形状和从不寻常的角度拍摄的日常事物。有些东西是她在户外找到的，其他的是她旅行时在各个地方捡到的。诺琳让这些能给她带来灵感的物件布满在工作室里，也许如米哈里·契克森米哈里所说的那样，这些有助于她打开思路和创作出她渴望创作出的艺术。

儿童有可能如同成人一样，他们也有着多种多样的性情和需求。那么我们如何保证我们的学习环境有助于培养教师和儿童的创造力？接下来的两个例子是教师对他们空间的思考并付诸了实施。

教室里的字母表

当孩子们开始显露读写能力时，我们通常的做法是将字母表张贴在墙上，以及在教室里布置鼓励他们探索的印刷品。在哈利法克斯（Halifax）的文法学校的 2008/2009 学年，我教的 4—5 岁的孩子们成了狂热的作家。他们试图使用印刷品、使用常规和非常规的拼写，来进行有意义的交流。

在秋季学期，我和我的搭档决定将书写区域扩大一倍以满足孩子们与印刷品的接触。然而我并不喜欢引入商业生产的字母表。我的教学团队在布置教室环境时尽量避免使用商业海报和设施，而是更多地使用天然材料、异想天开的物品、灯、织物，以及将孩子自己的作品张贴上墙，从而营造美观的环境。

孩子们显然需要参考字母表。一天，我独自在教室检查墙上张贴的孩子们的作品。当我正考虑要更新这些作品时，我突然想到如果要让环境真正体现以儿童为中心，孩子们完全可以创建他们自己的字母表来做参考。

在小组活动时间里，我向 8 个热衷于写作的孩子解释了我的想法。孩子们表现出了极大的热情。我请孩子们选择了自己最喜欢的字母，而不是指定字母让他们去抄写或配图。他们在一张卡片纸上写上字母的大写和小写，并配图来解释字母。一些图解与寻常的不同，但对孩子来说很有意义，比如对 "XLR"，一个孩子选择了字母 X，指的是他的妈妈开的汽车。孩子们利用小组活动和游戏的时间，几周之后，字母表做好了。

当然，并不是所有孩子做成的字母都是那么完美。孩子们知道他们的作品有时是与成人的不一样的，他们还努力在其他书写时刻，使用其他支持手段正确地做成字母。他们确切地知道哪一个孩子画了哪一幅插图，以及那个孩子处于哪个读写水平。比如，一个更有能力的孩子会评论说："这个 q 并不完全正确，但她还在学习，所以这很好了。"或者说："当我 5 岁时，我能写得更好。"当几个月之后孩子们再次浏览他们自己被影印保存的作品档案集时，这个自我评价被证实是一个积极的工具。

图 2-1　孩子们书写和图解的字母表

独处的地方

对孩子们来说，日复一日地进行着班级集体学习、小组学习，也是很艰苦的。教室里的噪音可能是相当大的，环境可能是令人兴奋的。如果孩子们想要放松、遐想、思考或者阅读，就必须有独处的地方，在那里他们能够有一些时间，让自己安静下来，从而调整自己。

图 2-2　个人空间也可以进行感官探索（哈利法克斯点点护理发展中心）

第 2 章 | 生成课程中的创造性思维 25

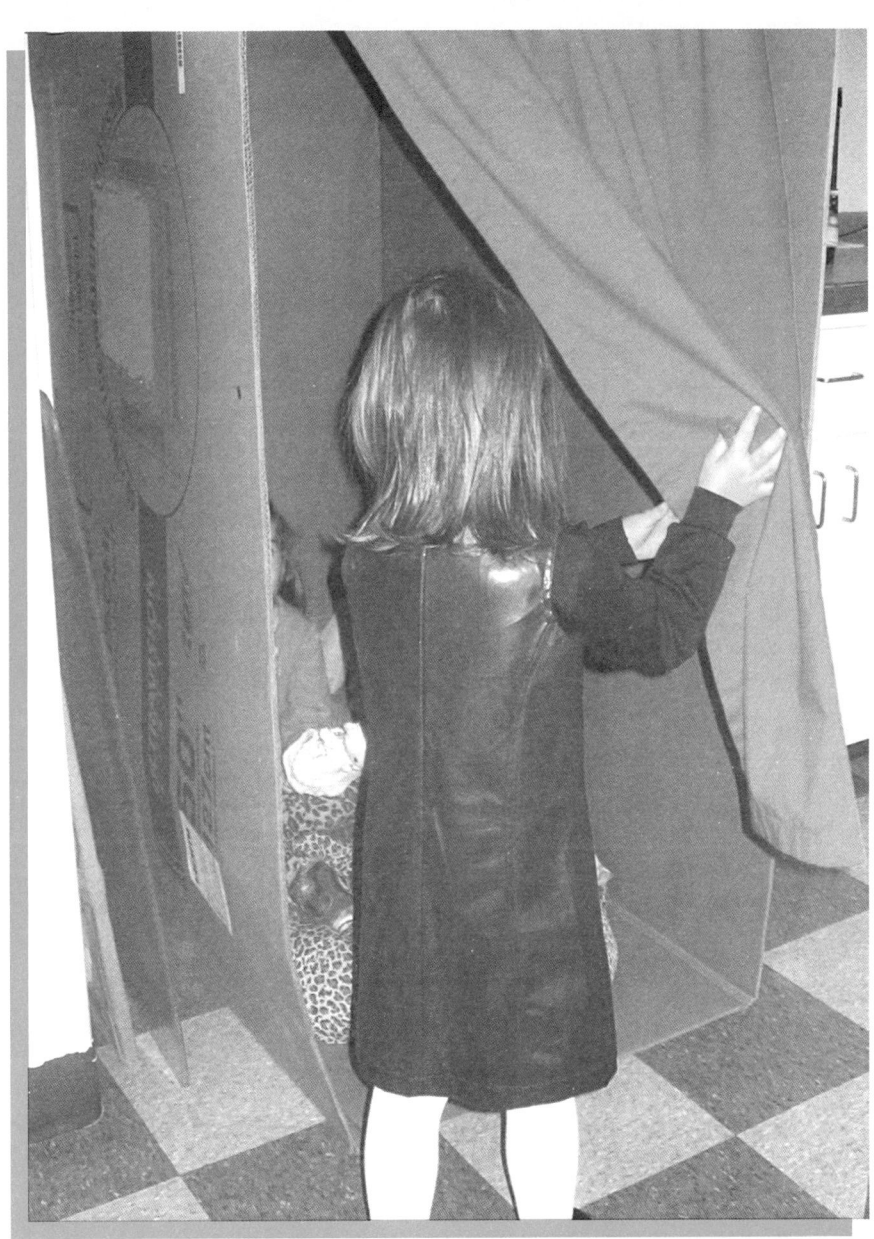

图 2-3 孩子正在探究一个安静的空间,这个空间是用简单的硬纸板箱子和窗帘布做的(布里奇沃特的基督教青年会)

图 2-4　这些孩子在攀爬架下面创建了自己的安静空间,而其他孩子则在上面玩耍。利用可能的材料,他们创建了一片区域用来"在房子里放松"(太平洋橡树学院的儿童学校)

虽然许多早期儿童中心的教室空间不足,教师们还是找到了一些有创意的和廉价的方法为孩子们提供独处的机会。下面呈现了一些与众不同的例子。

内奥米的日记

最新的挑战让我觉得我需要克隆我自己!这周我一直负责图书区和工作室。这是我在工作室的第一周,我也是第一次以探究的形式体验艺术。我知道在许多方面我要与自己喜欢计划与控制的天性做斗争。对于我的某些会亵渎艺术工作室创建目的的行为,我真想要敲打我的手指以示惩戒。我需要记住我的工作是创建一个温暖和吸引人的环境,来鼓励孩子们用他们能够使用的材料和更多的方法去探索,去表现他们的想法和兴趣。

利用多种语言来表达想法

在这方面，我们在意大利瑞吉欧·艾米利亚的同行已经做了非常杰出的工作，这些促使我们去深入思考我们的环境和环境里的材料。瑞吉欧·艾米利亚的教育家用儿童使用的一百种语言来表达他们的想法和认识；也就是说，儿童除了使用口头的和书面的语言外，还有许多表征性的方法来表达他们的想法。我们可以看到，孩子们通过戏剧、音乐、体育活动或其他艺术形式来表达他们的想法。瑞吉欧·艾米利亚的环境包括一个中央广场或会议场所，在那里整个学校的人可以分享想法；还有一个工作室，在那里孩子们能够运用多种类型的媒体来充分表达他们的想法。

瑞吉欧·艾米利亚学校，尽可能地为孩子们提供了丰富的美丽材料和多样化的媒介。受这些的启发，世界各地的教育工作者也开发了工作室或者小的生态环境，给孩子们提供更多机会来用多种方式表达想法。这样，还不能用语言表达的孩子们或者是喜欢用图形或雕塑来表达的孩子们，就能有机会用其他方式来清晰地表达他们自己。我的班级里有这样一个例子，一个孩子想要做一个外星人木偶，但他很难解释如何操作这个木偶。当给了他大量的时间和丰富的材料后，他做成了木偶。当自己的想法活生生地呈现出来时，他感到非常满意。一旦木偶制成了，他也就能够用口头语言更清楚地解释自己的想法。

花时间

在教室环境中，我发现，尽管 4 岁和 5 岁的孩子们都在忙忙碌碌，但他们并不真正清楚放在工作室角落的材料的潜在作用。针对这种情况，教师团队试图放慢孩子们探索材料的速度，而是让他们持续好几天地使用同样的材料进行活动。孩子们通过探究可替代的材料类型，逐渐意识到除了用纸来创造，还可以用卡纸、木头、醋酸纤维等材料。除了进行平面的构造，还可以进行立体的构造。数天的探究之后，孩子们学会了利用很多的媒介来进行创造设计。

这样的安排不仅给孩子们也给我提供了时间去思考。我们思考前景和背景，检查这些概念在插图和艺术印刷品中的表现。我们思考层次和质地，需要在上面画什么，需要在周围画什么。同时，我们也思考还可以用什么东西把它们粘在一起——不仅仅是用胶水！这种对材料的深层次探究是可行的，不仅是因为环境里有可用的材料，而且是由于孩子和教师有时间去思考和互相交流。这样得到的关于材料的知识，能够让孩

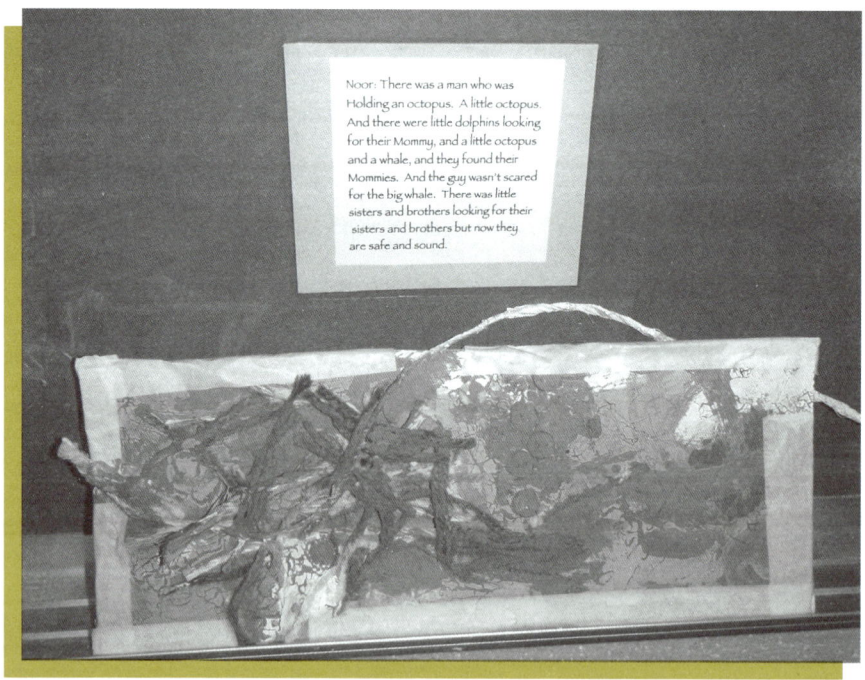

图 2-5　一件花了数天完成的多媒介作品，孩子们开始使用卡纸，然后涂色、绘画，再用纱线、薄布装饰

子们在未来开展的项目中更全面地表达他们的想法。

打开思路来进行创造性思维

新的思维方式会让有些人感觉舒适，但也会让另一些人产生焦虑。也许后一类人从来没能自由地或有机会去深入地审视他们的理念和理念对工作环境的影响。或者他们没有体验过珍贵的时刻带来的兴奋。当珍贵的时刻出现时，真正新的想法会出现在眼前，这些想法能够逐步在教室里被实施，并且实施的结果最后也能看得到。所有的教师理应得到体验这种珍贵时刻的机会，理应能够为了探索新的想法和方法，自由地与孩子们和其他教师们进行合作。在回应孩子的行为时，或者在回应你所阅读到的东西时，你肯定想知道"假如……将会怎样？"这将促使你开始一段寻找问题答案的旅程。要培养你自己的创造性思维，这里有一些建议可供参考。

大胆想象。 当考虑怎样着手处理孩子们的想法、兴趣和问题时，不要让你的大脑放过任何的可能性，即使有些似乎是牵强附会的或者是不着边际的，因为想象力能够培育创造力。在你的左脑开始编辑筛选（"我们不可能做到那一点……"）前，想象"如果……会发生什么？"当每20个或每30个想法进入你的大脑时，其中的1个或者2个或许就是最好的答案。只有当你首先进行想象，寻找到答案的机会才会发生。

在创造力被高度重视的企业，这种方法经常被使用，比如广告业。当一个小组聚在一起进行头脑风暴时，所有的想法都会被谈及，即使是那些第一眼看上去似乎是浮夸的、奇怪的或者不可能的想法。有时一个起初看上去似乎不着边际的想法，最后被证明是最有效的、最好的点子。

相对于产品，更要考虑过程 在提及孩子的艺术或探索行为时，我们常常使用过程甚于产品这个词。我们承认孩子的行为过程的价值，因为我们知道那是她了解世界的方式。这同样也适用于成人。为了培养创造性思维，我们需要思考我们的思想（元认知）。罗格·范·奥驰（Roger von Oech）在他的《期望意想不到的，否则你不会找到它》（*Expect the Unexpected or You Won't Find It*，2002：35）一书中解释道："当我放松和游戏时，意想不到的想法出现在我的脑海中的概率会更大。"这种放松的情绪以及让心绪飘荡、漫游的状态，比让思维聚焦于狭窄的任务或固守成规，更有利于创造力的产生。当你思索你的想法和梳理想法实施的步骤时，你可以问自己一些问题：

- 我每隔多久停下来重新思考以前思考过的想法和方法？
- 我准备怎样以一种新的方式来处理事情，怎样用不同的视角看事物？我怎样让自己进入一种想象的情绪状态之中，以利于更好地想象？
- 孩子们是怎样看待一个主题或活动的？教学领域以外的人是怎样看的？专家对你的主题的调查情况持什么样的看法？
- 我对什么感到好奇呢？
- 当意想不到的想法进入我的意识时，我的大脑会做什么？我是不理会它还是接受它？我要快速记下这些想法和主意吗？
- 我们在组织中应设置怎样的程度来鼓励创造力和开发新的方法？

接受复杂性和模糊性 许多教师认识到了孩子们活动中复杂性的价值，认识到了孩子建立的创意和主题之间连接的价值，认识到了孩子们思考事情和表达想法的方式的价值。瑞吉欧·艾米利亚的教师和孩子们的工作提醒我们，这种复杂性贯穿在他们的想法中，这个想法就是孩子能用"一百种语言"来表述他们所知道的内容。

伴随着复杂性的是模糊性。当孩子和成人探索某些有趣而不寻常的事情时，探索的结果和方向并不总是明确的。这种模糊性会造成一些麻烦，因为它需要教师主动地等一等，再看一看后续的演化情况。在这个过程中，信任是十分重要的，尤其是在感觉有些失衡的时候。通过对孩子们的活动、理解和误解的仔细记录，以及对于教师思考的记录，孩子们的学习情况和你采取的处理问题的路径的复杂性，将一起变得更清晰。

相比于接受舒适，有时将"成长边缘"视为失衡的象征是必要的。我第一次知道"成长边缘"这个词是我在太平洋橡树学院做研究期间，它恰如其分地描绘了这样一种区域，这种区域是从我们熟悉（我们已经知道并且使用过）的地方到更多我们陌生的地方的"边缘"，在这个边缘出现了新的增长。这将是一个令人激动的地方。

检查一切 当我们年复一年地在相同的环境中工作或者与相同的教学团队工作时，我们很容易陷入自满之中。如果我们经常在每周的团队会议或者每月的员工会议上反思自己的工作，我们更可能深入思考我们正在做什么。当我们在检查自己的工作时，并将检查的重点放在我们与孩子们的思维和想法的关系之中，我们可以问问自己以下一些问题：

- 这种探究活动会让孩子们对什么感到困惑？
- 是什么让教师们困惑了？怎样解决这些困惑？
- 我们是怎样支持孩子们的想法的？
- 我们的环境是怎样鼓励孩子们探寻知识或者提供什么样的实验让他们去寻找？他们的想法是怎样付诸实现的？

- 当发生误解时,我们用什么方式来让孩子们重新建构知识?

拉娜的故事:子豪和骨骼

下面这个例子与最后那个问题有关。这个例子是有关教师如何让孩子了解恐龙的骨架的。拉娜·奥赖利是多伦多学校董事,她还是幼儿园小班的教师和大班的美术老师。下面,她描述了这样一个情况,一个母语非英语的孩子对恐龙和恐龙骨架感到迷惑不解。

子豪正在看一本艾玛·多德写的小说《要个什么样的宠物》(What Pet to Get),这本小说我们以前也读过。其中一页上有个卡通画的恐龙,在下一页有一张恐龙的骨架图。书中的父亲在解释说我们不能拿恐龙当宠物,因为恐龙已经灭绝了。子豪一遍又一遍地翻阅这两个页面。

子豪:骨头在哪里?出现在这里的骨头是死的还是活的?这个骨架还活着,恐龙死了。
拉娜:如果这是你的骨头,你还能活着吗?
子豪:不能。
拉娜:它的大脑和心脏在哪里呢?
子豪:都不在了。脱落了。如果是这样的话,它就消失了。你拔掉这个骨头,手臂的骨头,这个恐龙在这里有骨头。
拉娜:这是……
子豪:骨架。

拉娜：骨架在哪里？

子豪：在里面。骨架在里面。

拉娜：你还记得去年的蝴蝶吗？当时你画了一只蝴蝶宝宝，然后在它们外面画了茧。骨骼就像那样——就像蝴蝶宝宝在茧里面。

子豪：骨架在恐龙里面，恐龙灭绝了。

拉娜：灭绝是什么意思？

子豪：死了。它为什么死？它去哪里了？骨架现在在哪里？我能在这里画骨头吗？骨头。

图 2-6　子豪检查恐龙骨头的插图

这个对话显示出拉娜在认真思索子豪的想法。她试图通过澄清问题来帮助他理解骨架的概念。故事继续。

子豪正在看另一本书。这本书不是小说，书中艺术家描画了恐龙活着时候的样子。

子豪：注意骨头。我看到那边的那部分。那只恐龙没死。那只恐龙死了。它的皮肤怎么了？

拉娜：时间太久了，皮肤腐烂了。它不在那里了，只剩下了骨头。

子豪：你为什么打开它？骨架都出来了吗？你把它打开。它的眼睛怎么了？去掉所有的皮肤和眼睛。恐龙发生了什么？它只是死了吗？

拉娜：死了，很久很久以前就死了。

子豪：真的吗？它死了？

拉娜：现在还有恐龙吗？

子豪：有。

拉娜：你之前告诉我它们灭绝了。灭绝是什么意思？

子豪：它死了的意思。

拉娜：是任何地方都不再有恐龙了的意思。

子豪：那恐龙去了哪里？

拉娜：恐龙消失了。它们都死了。它们灭绝了。

子豪：所有的骨头都脱落了吗？为什么所有的骨头会脱落？

拉娜：我找到这本恐龙书，我要给你看一些东西。

子豪：骨架。为什么这个恐龙只剩骨架了？骨头发生了什么？是人们取出了骨头吗？

查理（另一个从旁边经过的学生）：恐龙死了，然后皮肤和其他所有东西都腐烂了，就只有骨头留下了。

子豪：人们是如何获得骨头的？

查理：人们发现了骨头，将骨头拼在了一起。

子豪：所有这个出来了（比画着皮肤），骨头就出来了。

拉娜：那是什么？

子豪：骨架。但不是恐龙骨架，而是人的骨架。为什么？人死了吗？

拉娜：那个人死了。

子豪：他们没有骨头，只有骨架。

拉娜：他们有骨头。你的骨头在哪里？

子豪：在这里。骨头哪里去了？骨架，在身体里面？你制造了骨架，你把它放在那里面。

拉娜：骨架在你身体里。

子豪：在你身体里面？你让骨架出去，那个骨架（比画着他的胃）？

拉娜：那是你的胃。

子豪：有骨头在那里吗？在这里？有骨头吗？

拉娜：有骨头在那里吗？没有。

子豪：骨头不在那里。骨头在里面。在这里面（触摸他的手臂）。

拉娜：你会画一幅骨架图给我吗？

拉娜能够感觉到子豪渴望了解骨架是怎么回事，他开始将骨架与恐龙联系起来，也将骨架与人联系起来。另一个孩子查理的意见也被带入了这个解惑过程中。在对话过程中，拉娜有了一个绝妙的想法，她认为这也许能帮助子豪理解骨架在哪里。

子豪在一张纸上画了一只恐龙。拉娜给了他一张醋酸纤维纸，要他画骨架。他在他的恐龙画旁边画了恐龙的骨架。他看着自己的画。

子豪：不。那是恐龙。我的恐龙没有受伤。为

图 2-7　子豪的恐龙画

什么它会灭绝？所有的骨头在这里。我能做成骨架。所有的骨头都是骨架的组成部分。为什么骨头在外面？恐龙灭绝了。把骨头弄出来。

拉娜：那只恐龙灭绝了？这里的这部分是什么？

子豪：眼洞。眼睛掉出来了。但眼睛可以在那里。

拉娜：骨架里面有眼睛吗？

子豪：没有。（走回去看恐龙书）这里不同。为什么恐龙会灭绝？我将所有的骨头放在这里。所有的骨头放在地板上。它们掉下来了。我把所有的骨头放回去，它会再回来。是吗？

拉娜：谁回来？

子豪：骨架变成恐龙回来。（开始将醋酸纤维纸放在恐龙画上，在醋酸纤维纸上画骨头）

拉娜：你认为那会发生吗？

子豪：是的。我放三根骨头在这里。不放骨头在那里。

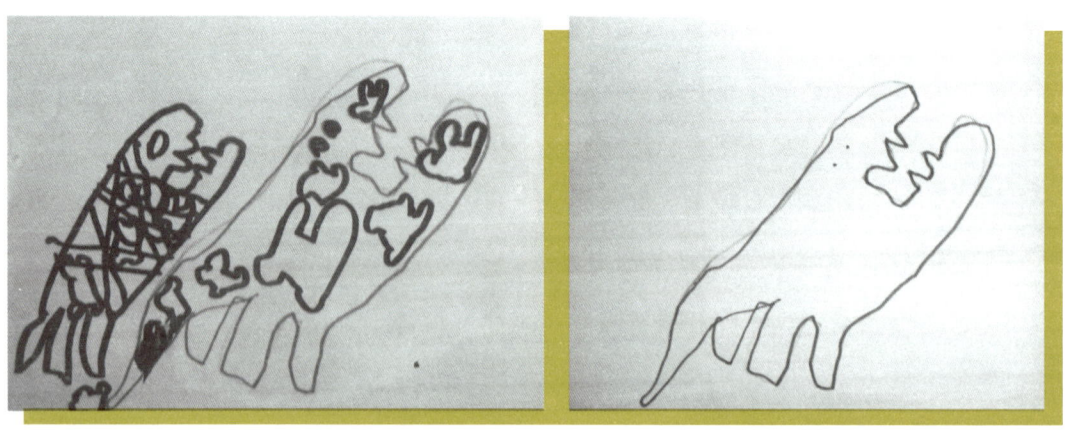

图 2-8　子豪用一张醋酸纤维纸覆盖在上面

拉娜：为什么不放骨头在那里？

子豪：因为灭绝了。

拉娜：子豪今天你问我为什么恐龙灭绝了。为什么你认为它们灭绝了呢？

子豪：因为骨头掉出来了。

拉娜：骨头是怎么掉出来的呢？

子豪：因为它们灭绝了。它们死了。

拉娜：骨头怎么掉出来的呢？

子豪：像这样掉出来（用他的手比画着）。

拉娜：你是怎么认为的，纳特（Nate，另一个学生）？

纳特：我认为陨石撞击地球，由此产生了灰尘，灰尘扩散到空气里挡住了阳光，恐龙没有了阳光就开始灭亡了。

子豪：这些是骨头，然后脱落了。然后这个恐龙就没有骨头了。

拉娜：这是同一个恐龙。这是它活着时的样子。

子豪：骨头没了。为什么？骨头去哪里了？

纳特：比如，就像所有的恐龙一样，灭绝是由于从太空来的陨石撞击地球造成的。

拉娜：我想子豪是在问这个恐龙。

子豪：为什么这个恐龙灭绝了？所有的恐龙没有灭绝。

拉娜：灭绝是什么意思？

子豪：不是。这个灭绝。

纳特：那是指一去不复返了，再也不能活着了。但如果他想的话，他可以仅仅让这只恐龙再活过来（比画着子豪的画)。

拉娜：这只恐龙灭绝了吗？

子豪：没有。

拉娜：为什么没有？

子豪：因为它有皮肤。这只灭绝了。

拉娜：为什么？

子豪：因为它没有了皮肤。发生了什么？它倒下后骨头脱落了。所有的骨头从恐龙身上脱落了出来。那只恐龙灭绝了。所有的皮肤脱落了，现在不再有恐龙存在了。这只恐龙灭绝了。所有这些恐龙灭绝了（比画着书中所有恐龙的照片）。（翻到找到人类骨架的那页）人类的骨架。灭绝了。

拉娜：人类已经灭绝了吗？

子豪：是啊。

拉娜：但我们现在在这里啊。我们活着。我们能灭绝吗？

子豪：不能。

拉娜：这个人死了，但所有的人都死了吗？

子豪：没有。（浏览图书，找到了一批马的骨架）这个灭绝了。

拉娜：所有的马灭绝了吗？现在还有活着的马吗？

子豪：有。

拉娜：这只恐龙灭绝了吗？

子豪：是的。有骨头，但没有皮肤。

拉娜：这只恐龙灭绝了吗？

子豪：没有。因为皮肤在这里。皮肤回来了吗？我们是在等待皮肤回来吗？

拉娜：皮肤不会再回来了，因为它们不能再活过来了。

子豪：皮肤没有回来。它消失了。（翻开书页，看着一张活蛇的 X 光骨架照片）这只蛇灭绝了吗？那只没有活着。

拉娜：那只蛇是活的。他们拍的是 X 光照片，一种骨头的特殊照片。

子豪：骨头仍然在里面。它没有灭绝。

拉娜：灭绝意味着什么？

子豪：死了。所有蛇的所有皮肤脱落了才会死。所有的都消失了。（拉娜翻回到恐龙骨架图片）

子豪：恐龙。恐龙灭绝了。

拉娜：地球上还有恐龙吗？

子豪：没有。骨头脱落了。皮肤不会回来了。它留在外面了。不再有皮肤。也不再有恐龙。

子豪和拉娜展开了一段合作对话。对这个话题拥有更多知识的其他人（教师和其他学生）试图帮助子豪理解书里面是怎样呈现灭绝了的"真实的"恐龙的（也就是表面上看上去的样子）。骨头增加了子豪的困惑，所以拉娜用了一个创造性的方法，使用一种不寻常的材料——醋酸纤维纸——来探索恐龙的内部和外部。她希望通过许多经验和对话让他明白灭绝的确切含义和恐龙的骨架来自灭绝的生物。这段对话和子豪的理解花费了一些时间。通过仔细倾听，拉娜能够掌握子豪在思考什么，并能够做好回应。

相比于让孩子简单地阅读恐龙的书，这段关于恐龙的深思熟虑的对话，就不只是期待孩子通过阅读和倾听来学习，而是提供了鹰架支持。我们能够感觉到教师思考得和孩子们思考得一样多。拉娜仔细倾听，并花时间考虑下一步做什么。卡利娜·里那第（Carlina Rinaldi）把这种做法叫作"倾听的教育学"（2008：148）。这种方法是生成课程的一个重要方面。借助于他们的绘画和其他表达形式，儿童的思想被清晰地展示了出来。

按照我们的想象行动

也许在你过去的经历中，创造力似乎是在学校"被教出来"的。你现在远离了学校，是时候像孩子一样恢复你内在的东西，重新回到孩子的状态。因为在多数情况下，孩子的思考是不自觉的。就像在前面电子邮件的故事中，孩子们是不怕将他们对世界的想法说出来的。孩子们能够自由地大声说出事物可能是怎样的，它可能如何运转或者它们可能会做什么样的思考，这使得孩子们能够大胆探索和想象。教师也理应得到同样的自由。

在前一章里讨论了生成课程的基本原理，你了解了反思、对话和灵活性。这些概念也同样地存在于创造性活动之中。生成课程和创造性思维是一致的，二者在一种律动中相辅相成。保持一种开放的心态，我们便能够看到孩子们在做什么和听到他们在说什么，孩子做的和说的事先是没有预设的。当我们在行动之前认真倾听、观察和反思时，我们可能会发现我们往往是以原始的方式来回应的。经过倾听、观察和反思之后的行动才是有效的、生成性的行动。

在接下来的章节里，你将通过新颖的视角读到熟悉的情景中的儿童和教育者。当他们的故事呈现出来时，你将读到灵活性、反思、对话、开放性、回应能力和时间的利用是怎样与课程相连接的。这个课程将是及时回应的和新鲜的，并且能让你创造性地思考你在教室里的所见所闻。

> 教师要讲好故事，首要的任务是教师成长。要讲好故事，教师可以通过一定的途径获得专业技能——他们自己的方法或模仿来的方法——但他们要保守地使用这些方法。他们要寻找教师们已经在使用的并有效果反馈的知识，去编写教师自己的故事，而不是将学习的起点放在已经建立的权威上。
>
> ——伊丽莎白·琼斯

第 3 章 使用故事是教师职业发展的一种手段

加拿大安大略省伦敦桥儿童保健服务机构是一个大型组织。这个组织里有14个早期儿童中心，这些中心为1 200名从婴儿到学龄段的儿童提供服务。该机构有350名教育工作者，还合理配备了一名全职人员协调和开发教师职业发展方案。安妮·玛丽·库格林就是该机构的项目总监和专业发展协调员。多年来，她已经认识到让教师们有机会讲述他们的故事非常重要，这可以作为教师专业成长的手段。

伦敦桥儿童保健服务机构的教育者受到来自瑞吉欧·艾米利亚教学实践的启发。十多年来，他们一直考察和学习瑞吉欧·艾米利亚的教学实践。在这个过程中，他们去过密苏里州的圣路易斯瑞吉欧合作学校、科罗拉多州的博尔德旅程学校和芝加哥公立学校等地方。通过倾听和反思这些学校的教育者分享的故事，他们已经学会了大量的东西。现在，他们准备讲述他们自己在专业探索和发展方面的故事。

来自伦敦桥儿童保健服务机构的故事

下面是安妮·玛丽分享的专业发展故事，这些故事来自于伦敦桥儿童保健服务机构的员工。她相信讲述他们自己的故事——清楚地告诉其他人他们所做的事情和为什么这样做——对于参与的每个人都是有意义的学习经验。

长期以来，幼儿教育工作者一直知道故事讲述在课堂中的力量。由于读写能力和语言发展对儿童发展很重要，我们（伦敦桥的教师和员工）用故事把孩子们聚集在一起，交流思想，激发创造力，阐述我们周围世界的意义。

虽然我们知道故事可以支持儿童的成长和发展，但我们忽视了故事还可以用来支持教师自己的专业成长。

我们一直在寻找着促进教师专业发展的方法，其中的一部分工作是要将我们提供给教育者的东西与我们要教育者提供给孩子们的东西并行考虑起来。这要求我们问一问自己如下的问题：

- 是什么故事让我们产生共鸣？
- 怎样利用故事，才能让我们作为一个学习社区聚集在一起？
- 怎样才能为教育者提供彼此分享故事的机会？
- 如何利用故事来解释教室发生的事情、启发彼此？怎样将故事作为一种工具来更有效地理解儿童和我们自己的发展？

在我们的教室里,每时每刻都有故事发生。虽然我们知道不可能留心到所有发生的事情,但是对我们而言有价值的是,我们发现有意义的事情一直在发生。通过注意与孩子们定期接触和彼此分享,我们开始更充分地了解他们,更加关注的是他们能做什么,而不是他们不能做什么。下面是一些我们想起来的故事,这些我们自己的故事可以帮助回答上面列出的问题。

两个婴儿的故事

像许多小婴儿一样,斯凯拉坐在地板上,尝试着听一种有趣的声音,这种有趣的声音是他移动自己的手指划过嘴唇并吹气时发出的——这种振动和令人愉快的"舌头放在唇间发出的声音",我们成人是很熟悉的。加文坐在斯凯拉对面,饶有趣味地观看。加文也学着将手指放在自己的嘴唇上,以相同的方式移动他的手指。但有所不同的是,没有声音从他的嘴巴里发出来。他停了一会儿,再次看着斯凯拉,斯凯拉还在快乐地发出声音。加文伸出手,打在斯凯拉的嘴上,把斯凯拉弄哭了。

作为教育者,这是一个重要的故事。通过捕获这 30 秒里发生的事情,我们能够解释加文的举动,洞悉他的想法和意图。

- 我对你发出的声音感兴趣。(我好奇)
- 我要自己尝试。(我有这个声音产生的理论)
- 当我尝试时,同样的事情没有产生。(我发现)
- 也许只有你的嘴巴能够发出那种声音?(我想出了一个新的理论,并加以验证)

人们很容易忽略那些细微的交流，只对刚刚发生的事情做出假设。

花时间观察和思考孩子的故事，我们能够了解到孩子什么呢？我们看待孩子的方式会怎样影响我们回应孩子的方法呢？也许我们要开发出一个思维定式，首先想到的是"一个多么聪明的小脑袋在思考啊！"而不是"我们必须教育他不要打人"。我们已经认识到，教育者对同一种情况不同的解释会产生不同的回应。那些回应要么有助于引导孩子的好奇心，要么会给孩子造成很大的困惑。

向别人讲述故事的方式，会提醒我们一些常常错过的东西。它也促使我们认真反思对孩子做出的回应，时时提醒自己：我们的回应行为不是随意的。作为教育工作者，我们的部分任务是关注孩子正在做什么，并根据我们所了解到的，形成我们后续的回应行为。

引荐查理

我们的一个儿童中心很幸运地收到一份来自当地老兵医院的礼物：一个5英尺（约1.5米）高、用细铁丝网和瓶盖做成的浣熊模型，名叫查理。由于老兵医院建在一个大型公园里，老兵们常常看到浣熊来访，老兵们也常常将有关与浣熊不期而遇的故事和周围的人分享，因此，2007年驻地老兵和艺术教师一起造出了浣熊模型查理，并把它贡献给了社区。在被放在老兵医院艺术工作室外面的大厅两年后，查理被作为礼物送到了我们中心。

我们知道，引入像查理这样又大又陌生的东西，孩子们会觉得可怕，因此事先必须要认真考虑。我们没有简单地将查理带到满屋子学步儿童的教室，而是设计了一个详细的介绍方案。我们的方案是用轮子将查理载过操场旁边的人行道。这样一来就有一道栅栏将孩子们和查理隔开。在把查理带到操场前，我们会先询问孩子们的意愿。那些对接受查理比较慢热的孩子可以离查理有整个操场的距离。老师鼓励并支持孩子们与查理接触。中心主任负责引荐查理，一个辅助人员负责视频拍摄孩子们第一次见到查理的情景。

按照计划，当孩子们在操场时，查理第一次露面了。从听到查理沿着人行道移动的声音时，娜塔莉就变得紧张不安。当问孩子们是否同意查理进操场时，娜塔莉的恐惧就清楚地表现了出来。她紧紧地靠近老师，并疑惑地用手指指向查理。我们理解她需要确定查理是安全的。

其他几个孩子见到查理时立刻就围了上去，这时娜塔莉仍然保持着警惕，在老师的怀抱里寻求安全，老师呵护着她。2岁的克里斯汀似乎能够理解娜塔莉的恐惧。当娜塔莉能重新自己站稳时，克里斯汀伸出手用温柔有爱的方式鼓励和支持着娜塔莉。他不声不响地拉着她的手走到查理跟前，触碰着查理，小心地示范瓶盖是怎样发出咯咯声的。克里斯汀鼓励娜塔莉去接触浣熊查理，然后他走到旁边以便她靠得更近些。当注意到娜塔莉的帽子盖住了她的眼睛时，他贴心地弯下腰，试着提起她的帽子，使它不要挡住娜塔莉的眼睛。克里斯汀表现出极大的耐心：他似乎很专心地让娜塔莉去触碰查理，他给她时间去适应查理。过了一会儿，克里斯汀终于说服娜塔莉去触碰查理了，他们便一起继续探究查理。

这个故事提醒我们：年幼的孩子很敏感，很警觉。克里斯汀富有洞察力，他的方法证明他既理解娜塔莉因恐惧而不情愿接触查理，也明白娜塔莉想更近地接触查理的渴望。通过一个我们认为是为成人设置的过程，只有2岁的克里斯汀温柔地引导娜塔莉完成了一次探究过程。像很多孩子一样，克里斯汀是一个"骗子"！

这个故事会怎样影响我们看待克里斯汀的方式（以及像他一样的其他孩子）？这故事让我们超越了"骗子"的概念而有了更多的看法，它帮助我们看到克里斯汀这样的孩子与别人难以置信地协调相处能力和他善解人意的一面。即使没有语言交流，他也能理解别人。他是温柔而有说服力的。他没有放弃娜塔莉，而是尝试用不同的策略来吸引和支持她。

克里斯汀提醒我们要深入观察、密切注意而不要轻易下结论。如果克里斯汀提供帮助的举动被视为侵犯行为，那么这又会是怎样的结果呢？在过去，我们多长时间做一次这样的解释？我们还错过了什么？付出了什么代价？反思有助于我们了解这不只是简单的一则关于大浣熊的故事，而且是关于孩子的能力，关于我们乐于看到这些能力的故事。

这些故事反映了近距离观察儿童的重要性。这些例子提醒我们，我们很容易误读孩子的意图，我们的善意行动往往会给孩子造成更多的伤害而不是为他们带来好处。

在这些看似平常的时刻背后，我们发现了不平常。

我们将这些故事分享给每一个家庭，同时这些故事也起到记录孩子们能做哪些事情的作用。我们互相分享，并将它们作为反思的工具。这些故事不断促使我们每天进行对话，加深了我们与孩子及孩子家庭之间的联系。下面是我们分享故事的方法。

充分利用员工会议。员工会议不要太关注一大堆的议题和任务，而是要尝试利用这个宝贵的时间分享教室里发生的故事。我们可以讲儿童的故事和教师的故事。在员工会议上分享故事的好处如下：

图 3-1　教师支持

图 3-2　可靠的手

图 3-3　仔细地演示

图 3-4　有用的姿势会看得更清楚

图 3-5　共享的好奇心

图 3-6　新萌生的信心

- 通过分享彼此的工作，教师们会建立相互间的信任，教师之间的关系将会更稳定。
- 坚持将孩子们放在交流对话的首位。
- 通过深入了解彼此教室里所发生的事情，增强教师的团队意识。
- 共享资源或共享探究经验。
- 当会议结束员工离开时，他们会变得更积极、更兴奋，全身充满了正能量，而不会因为开会占据了他们的宝贵时间而感到怨恨。

留出时间用于研讨会和培训。虽然讲座在有些人群里也许有效，但是我们经常会发现，最有价值的学习往往发生在当教师们有机会一起倾听彼此、分享观点和建构意义的时候。这就是为什么我们觉得研讨会重要的价值在于为教师提供了许多机会去分享她们的故事，并使故事的分享成为反思的催化剂。鉴于研讨会和培训往往都有特定的主题，我们选定一个引导者通过一定的方法来鼓励和指导教师们分享她们自己的故事，这样使得主题的研讨和培训对他们的教育活动更有意义，也更有针对性。

组织每年的项目分享之夜。许多教师所做的项目或者调查往往要持续一整年，有时要持续 10 个月。一年一次，我们为教师们提供一个机会去分享他们彼此的工作。

让孩子和家庭看得见这些故事。我们将故事展示在教室的墙上、孩子们的档案文件夹里、走廊和公共区域，以及时事通信里。

使用孩子们的故事书。在成人的学习中，儿童的故事常常是有趣的和有价值的。这些故事可以将人们聚集在一起，为晚上的研讨设定一个基调，强调一个特别的主题，让大家关注重要的信息，或者只是简单地激发我们的灵感。

成人分享他们的工作

安妮·玛丽分享故事的例子说明，教师需要时间来相互交流。这点在探究复杂的方法或者参与学习时尤其重要。当教师们分享故事时，很明显，他们能够从多种角度进行思考，也许还能对发生的事情有新的理解。

当伦敦桥儿童保健服务机构开始研究教师的教学和儿童的学习时，他们开始很温柔地交谈，接受彼此的想法，慢慢地变得更加舒适顺畅。随着时间的推移，受瑞吉欧教育的启发，他们已经创造了他们自己的办法，一种新的哲学阐述，以及新的、富有创造性的、更完善的专业发展办法。这种办法不是仅仅通过展示试图达到"让观众惊讶"的效果，而是重在诚实、坦率地分享他们的奋斗以及他们获得的成功。他们继续探索，反思实践，利用他们的核心理念来推动项目的发展。

这些共享的专业发展故事表明，成人的学习也能够处在我们试图给儿童营造的学习氛围之中：活跃、有意思、富有创造性和灵感。维果斯基告诉我们，儿童的学习需要社会化地建构。成人的学习为什么不可以这样呢？

不论是小班的孩子还是大班的孩子，在教师讲述他们的故事和分享他们的工作时，好的教育环境会有益于讲述和分享的效果。下面列出了一些简单而有效的方法，来鼓励反思对话和学习。

创建教学日志。教学日志可以是一个简单的开放式的笔记本或活页夹，放在教师随手就能写的地方。在这个日志里，教师可以简略记下教室里发生了什么，教师和儿童提出的问题，教师们经历的努力过程与获得的成功。这个流水记录便于教师间互相分享，因为它"记住"了一天里发生的有趣而且富有挑战的事件。当教师们聚在一起对话时，教学日志就是一个很好的讨论启动器。

午餐时间也有学习机会。 只要可能，在每个星期五，我工作的学校的教师们都聚到一起互相学习。由于已经认识到我们拥有着丰富的经历和知识，因此我们相信对专业知识的分享很重要。这样做不仅令人振奋，有效果，而且也创造了一个有价值的讨论和学习场所。我们只需要花点时间和打开思路。分享的主题是由教师们建议的，这些主题要么是大家都想要了解的一个特定主题，要么是大家想要与他人分享的热情或专业知识。大家还建议今后可以讨论：与孩子们一起写诗、画水彩画，以及进行音乐学习和评价。

分享文档。 我们的文档不管是一系列的照片、含有照片的书和文本，还是描述学习经历的展板，它都为我们提供了分享的机会。在某些情况下，文档也被用于教师与父母分享孩子的学习旅程，以及教师与儿童重温他们的学习过程。文档当然能实现这样的目的。文档也是推动教师之间进行反思和对话的工具，并提供机会让其他教师提出问题，思考自己询问儿童的方式和内容。

不论你是选择用文字还是选择用照片来讲述你的教学故事，分享时，我们大家都能受益。也许会议组织者今后会考虑将分享故事作为会议议程的一部分。留有时间彼此间对话交流跟倾听、陈述一样重要。当我们彼此倾听、试图清晰表达我们的想法时，我们就是以主动、积极的姿态投入到学习之中了。正如帕克·帕尔默（1998：147）所说的：当我们倾听彼此的故事时，我们常常会静静地反思我们的教师身份和如何做一个称职的教师。

在白天，或者聚会期间，或者在正式的会议上，讲述我们的故事，不是浪费时间或是一个奢侈的行为，因为我们彼此之间互相学习是很有必要的。聆听别人的故事，并将别人的方法与自己所做的进行比较，这会拓展我们的思想，挑战我们长期拥有的想法和脚本，我们由此将变得更有创造性和反思性。当我们积极地听取发生在教室里的真实故事，提出我们自己的想法，清晰地表达我们所坚信的东西时，我们就成长了。

> 下一章包括发生在教室里的一个真实的例子。梅丽莎根据孩子们的想法启动了一个项目，这个过程引发了她对自己的课堂环境的反思。

> 在形成关系的任何过程中，时间是创建关系的必要因素。因此，学校是提供时间的学校——给孩子时间、给教师时间，给时间让他们在一起。
>
> ——卡利娜·里那第

第 4 章 花时间去做柠檬水

当我们给予儿童无限的时间，让他们去探究那些他们天生就喜欢的话题时，将会发生什么呢？当教师花时间去仔细观察，并对孩子做出深思熟虑的回应时，有深度和有意义的学习就会出现在儿童和教师面前。

梅丽莎是一位经验丰富的教师，有着 25 年的早期教育经验，其中有 9 年她是在加利福尼亚州帕萨迪纳的太平洋橡树学院当教师。在那里，她和其他两位教师一道与 24 名 4 岁的孩子进行一个半日班的项目。她们的教学团队每天上午上完课后都会碰头和反思，并思考下一步的课程内容。

因为那个儿童学校是太平洋橡树学院的示范学校，教师和行政机构以发展恰当的实践和生成课程为基础，努力使用早期儿童教育中最好的实践。教学团队首先进行近距离的观察，在对这些观察进行了反思和讨论后，再采取相应的行动。

该儿童学校坐落在气候宜人的加州,能够给孩子们提供整天户外活动的机会。户外活动空间很大,并且充满了橡树、自然花园、沙箱、宽敞的平台、攀爬建筑物,教室门前还有一个大门廊。

来自太平洋橡树学院儿童学校的故事

夏天到了,许多孩子参加了儿童学校的夏日学校,梅丽莎和她的同事们饶有兴趣地观察到孩子们的"大创意"——销售柠檬水,这个大创意持续了很长一段时间。这里,梅丽莎用文字记下了最先发生的事情。

开始只有4个4岁的孩子在院子里玩"销售柠檬水"。他们用沙子、水、树叶做柠檬水,用塑料杯子盛柠檬水。他们之所以会这样做,是由于在以前的夏日学校里,他们观察过大些的孩子在社区空间"阴凉的小巷"里做这样的销售活动,从而获得了一些先验知识,并被这些知识所激发。渐渐地,有越来越多的4岁孩子加入这个游戏,他们精心准备柠檬水,通过交谈反复调整成分比例,来创新食谱。然后他们在院子里到处走动,询问老师和孩子们是否想买一杯柠檬水。他们用树叶代表货币,而不是用纸来

图4-1 一个孩子在制作柠檬水销售标识

当钱。例如，如果一杯柠檬水是5美元，孩子可以数5片树叶，递给其他孩子，让他们用"钱"支付。这个活动大约持续了一个月，每天的变化主要发生在他们如何进行销售，他们的销售点放在哪里，以及如何创新配方。随着时间的流逝，这个小组的24名孩子几乎都加入了这个项目。

几个星期过去了，孩子们还在变着花样地销售，准备柠檬水和其他销售项目。在第4周，孩子们开始为销售做标识。他们有了自己的纸和笔，与朋友坐在一桌，并请教师示范正确的拼写。他们整个上午都沉浸在这个活动中。标识制作好后，销售游戏又开始了。

梅丽莎的描述展示了该项目的进展。没有近距离的观察和倾听，教师就不会对孩子做及时的回应。这个游戏开展了一个月，我们能够看到孩子们的深度参与，他们协商食谱配方、销售方式，以及销售产品要做的其他事务。毫无疑问，这其中还需要他们进行测量、混合、计数和书写。从这个明确的学习活动的进展过程，可以清楚地看到教师们充分尊重孩子们的游戏，给予孩子们充足的时间让这个大游戏充分地展开。教师允许孩子们按照自己的想法继续探究，允许他们对自己的游戏做主，允许他们花时间去解决接下来可能发生的事情。

"接下来会发生什么"是许多教师要努力应对的问题。我们不要去干扰孩子们的想法；与此同时，我们要为孩子们现在做的事情搭起支架，推动他们的学习和参与。这是一个精巧平衡，需要我们花时间去思考，以防止我们越过孩子们自主的学习与教师主导的学习之间的界限。

既然孩子们已经能够在他们的游戏中销售柠檬水了，梅丽莎和她的同事们经过考虑，决定在学校社区给孩子们提供机会销售真正的柠檬水。

下面是梅丽莎后续的记录。

教学团队和孩子们决定出售真正的柠檬水。我们发现商店卖的柠檬水比较贵，我们集体请孩子们的家长从当地的树上采摘柠檬捐赠给学校。孩子们用旧的玻璃榨汁机榨柠檬汁，并持续榨了好几天。其中一位教师与孩子们一起尝试不同的配方，我们发现不同品种的柠檬与糖混合会有不同的口味。

接下来我们开始做标识。这需要使用广告颜料和大张的纸片。这个项目需要大家合作，集思广益。在老师的帮助下，几个孩子在一块单独的板上写字。其他孩子则耐心地等待，依次轮流到板上去添加一个词或者一个想法。

第二周，孩子们制作了更多的标识。这些标识是孩子们画的一幅幅单独的画。他们把这些标识布置在学校的各个地方，并邀请整个社区里的人来买柠檬水。

销售准备已经一切就绪了。我们将商店设在"阴凉的小巷"里，并协商每一轮班次工作需要的人数。我们开会决定每5个孩子轮一班，当班的孩子负责倒柠檬水，将柠檬水递给顾客，

图4-2　一个孩子在榨柠檬汁

从顾客那里收钱,并将钱放入收银机。还没有轮到的孩子则耐心地坐在销售点后面的岩石上观察。

在这个故事里,生成课程的协作特性被描述了出来。在后续的活动中,孩子们相互协作,教师则在一旁给孩子们以鼓励支持,我们既能听到孩子们的声音,也能听到教师的声音。再一次做游戏时,孩子们就很从容了——没有了匆忙。他们日复一日地榨汁、测试配方和制作标识。如果教师直接提供给孩子们一个现成的食谱并告诉他们哪个榨汁机好用,那么显然这样做更容易让孩子们达到从容的做事状态,但这样孩子们就可能错过一个宝贵的学习机会。相反,孩子和教师可以使用试错法来达成共识——这对4岁的孩子绝非易事,但学会如何参与到群体工作中去,这是孩子们需要学习的一个重要内容。当孩子们参与决策制定时,他们更可能表现出耐心和决心;毕竟,这是他们的工作,孩子们的坚持使得这项工作变得有价值。

一旦涉及真正的钱会发生什么呢?在我们成人世界,有了钱当然是顺理成章地花掉,但孩子们做出了另外的决定。梅丽莎将发生的事情记录了下来。

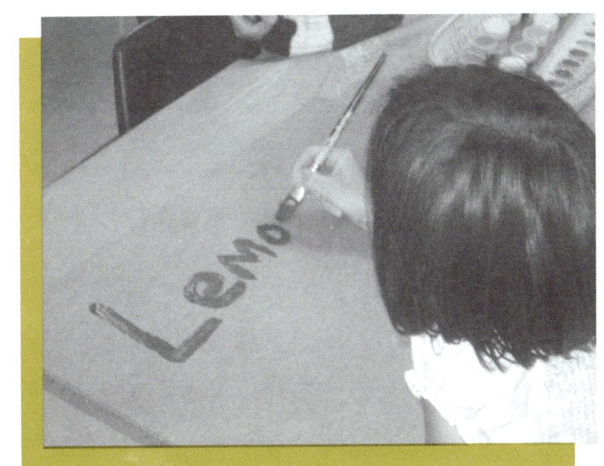

图4-3 一个孩子在画柠檬水销售的标识

每次销售游戏完成后,在召开社区会议时,我们都会大声地数钱并记录利润。接着我们会给孩子们提这样的问题:"我们将用这些钱干什么？"

头脑风暴之后，我们通过投票一致决定：将钱捐献给当地的动物收容所。动物已经成为孩子们接下来要探索的另一个主题。我们联系了动物收容所，并试图安排一次实地考察。但本学期学校实地考察的时间已经用完了，因此我们计划让动物收容所安排一名代表来取捐赠款。

让孩子们自己决定如何使用那些钱也是这个项目有意义的一方面。值得注意的是，这个决定是在钱被筹集到之后做出的。因为教师们认为，对于孩子们来说，这个项目最重要的是柠檬水销售过程和围绕销售展开的游戏，所以他们事先并没有预设如何使用钱的问题——像"让我们筹集钱用于……"的想法——而是等到销售完成，钱已经筹集到之后。然后也就有理由去考虑如何使用钱的问题。孩子们和教师将这个问题的解决答案与孩子们一直以来对动物的兴趣联系起来，这帮助他们做出了决定。

如同所有的长期项目，一旦销售活动结束，事情并没有处于无头绪的停止状态。相反，教师们注意到了其他新的自然出现的发展走向，并注意跟进。

从"阴凉的小巷"里的销售游戏，又发展出了许多衍生活动。比如，邀请其他组的孩子来喝一杯免费的柠檬水；参观当地的小杂货店，做一次幕后之旅来更深地了解销售；榨其他的水果汁，了解手动榨汁机需要付出的劳动。尝试了不同类型的榨汁机后，大家还是喜欢玻璃榨汁机。

这些都是孩子们自己的想法。我们只是基于自己先前的经验，通过提供丰富的材料、不同的想法来支持他们的兴趣并帮助他们拓展延伸，同时也从孩子们的经历中收集想法。我们的项目还包含了学校和更大的社区。这个项目始于10月并持续了一整年。

这个项目一直持续到第二年的6月，这证明了它是多么受孩子们喜爱。很容易想象，他们将永远记住在学校的这段时光。在这段时光里，他们根据自己的想法创建了一个商业买卖过程，并把它发展、运作起来。

内奥米的日记

我一直难以协调工作室和图书中心的活动，我就倾听、观察并记下我所听到的、看到的事情。昨天上午一半的时间已经过去，我意识到我却真的没有看到和听到任何事情，更不要说记下那些观察到的东西，因此，我不得不让自己停下来，思考"需要改变什么"。

我一直有种感觉，如果每天不为孩子们计划新的活动或体验，那么似乎我就没有在工作。周末，我停下来审视这种感觉，并想理清楚这种感觉可能来自哪里。当教学是在一个标准化的课程（我照字面的意思使用这个词，因为有时感觉像有一只沉重的手压在教师身上）下进行时，有一个如此巨大的压力袭来，袭来，袭来，只是为了满足所有的规定结果。很少有人认识到慢下来和（或）重新思考的价值。

这个实例让我意识到我不能相信我的感觉。我记得读过的生成课程里有这样的概念：要将自己从时间的禁锢中解放出来。我需要更少地关注我的日程表和时钟，而是将频道调准到孩子们身上。在制订计划前，我要先读懂孩子和他们的学习。

教师的反思引发自然材料的使用

在这段时间里，不是只有孩子们在学习，教师们也在学习。在这个项目开始时，教师们就观察到孩子们与自然材料之间的联系，并反思自然环境通常是什么样的，以及它是如何影响孩子们的。

当思维变得开放和灵敏之后，教师们就有机会以新的视角审视自己的实践。在梅丽莎的文字里，有一个反思的例子很有趣，是有关孩子的行动是如何引起教师们去重新思考自然环境的。

> 我们的孩子似乎总是被原始的材料所吸引，并在活动中越来越多地增加对这些材料的使用。比如，陈列在教室里的岩石和树枝，被孩子们添加到橡皮泥中，去做成不同的食物和动物的窝。从外面收集到的树叶被带到教室，在办娃娃家时使用。躺在院子里的大树枝将会变成马、剑（与教师比试时用）和其他有力量的东西。孩子们会认真地询问有关自然和动物的问题，我们借助图书、图片和动物的雕像来回应解答。
>
> 在这个观察之后，我们决定更深入地思考我们该给孩子们提供什么样的材料。我们把一本安迪·戈兹沃西的书带进了教室，并展示了书中自然艺术的照片。书中的松果、抛光的岩石和其他材料被我们用来启发孩子。以前从来没有接触过这部作品和艺术图形的孩子们，据此构建了他们对艺术形象的理解。有些孩子利用棍子创建字母，甚至试着画自己的自画像。我们的教学团队则一直考虑的是为艺术、积木和感觉材料提供不同的使用方法，以便孩子们可以用这些来表达他们自己的想法，从而更全面地构建对大自然的理解。

有一天，我们决定去参观街对面阿罗约的自然环境。过去我们曾和孩子们一起徒步旅行过，因此这次我们没有仅仅只是在阿罗约徒步旅行，而是选择了一个区域让孩子们玩，这个区域靠近一座高的山坡，可以让孩子们爬。我们随身携带了其他材料，比如蜡笔、橡皮泥和一些其他东西，以防孩子们在野外活动时要玩，结果那些带去的材料根本就没有派上用处。因为孩子们忙着爬到山顶，用树叶和树枝搭建假的营火，再从满是泥土的山上滑下，寻找宝藏，坐在一个大的树桩上远眺山的周围，他们在山上玩了3个小时。

离开阿罗约时，我们才意识到孩子们在那里玩了3个小时，却没有使用一个玩具。那个老树桩被假想成了一架飞机或火箭把孩子们送向天空。在孩子们试图找到不致下滑的攀爬方式时，泥泞的山坡向他们发出了体能的挑战。从小山坡的顶部，他们用光滑的泥道做滑梯滑下。就像看上去有趣的岩石一样，桉树叶和豆荚也成了他们的宝藏。我们遇到了许多不同类型的昆虫，其中有些我们教师也不认识。当回到学校后，我们在昆虫资源库中进行查找，发现一个看上去很普通的蜈蚣实际上是有剧毒的。

阿罗约的几次游览经历，让我们开始以不同的眼光看待教室里的材料。我们重新评估教室空间里的每件东西，细到以颜色表来评估颜色，比如我们加到水里的颜色、橡皮泥的颜色和彩色纸的颜色。为什么我们在用桃红色和嫩黄色？我们如何从自然环境中选取适合我们学校环境的颜色？我们决定停止添加食物色素到水里和橡皮泥里，人造颜色只限于用在我们的绘画上（这不奇怪，因为我们许多的绘画材料是从商店里购买的，是明亮的色彩）。结果，除了食品外，橡皮泥被广泛地用到其他物品中。通过观察，我们注意到地下水位的状况似乎更能让孩子们感到平静。

随着对环境因素的重新考量，我们开始看到使用有机材料所具有的价值。在使用这些材料时，孩子们激发出来的想法，是比较周全和复杂的。例如，孩子利用树枝和岩石建立了他们自己的语言，并以此来表达他们的想法，他们通常不会在艺术品桌子上完成这些。他们开始把自己看作艺术家和发明家。他们对昆虫、植物和矿物质的兴趣不断增加，并且通过调查创建了更多的活动主题。

由孩子们的经历演变而来的其他活动主题包括：动物栖息地，这些动物栖息地是孩子们用院子里找到的物体来创建的；金属丝制品，用这些将珠子附着到大自然的大树枝上；阿罗约自然环境的变化记录，与温和的季节变化一致；以及对水资源保护实实在在的理解。

审查过去的实践

当教师花时间观察反思孩子们的游戏、会话、初始材料的使用时，他们便有了机会重新思考他们的实践。不管我们自认为自己营造的学习环境是多么美好，审查过去的实践都是值得努力去做的事情。透过另一个镜头从孩子们的视角看工作或环境，会引导我们对实践的方方面面进行重新反思：为什么我们会做我们所做的事情。

在这种情况下，教师重新审查他们惯常的教学实践，这些实践活动采用的是颜色明亮的材料和设备，以及现成的和从早期儿童设备供应商那里购买的材料和设备。孩子们对有机材料十分着迷，这让教师们做出了改变。

当我们在做观察、反思和回应时，我们可以把自己当作社会科学家。我们从教学工作中收集数据，通过与同事进行对话来解释这可能是什么意思，形成一个受过训练的猜想——"如果……会怎样"，并创建一个新的环境去验证我们的猜想。不管怎样，我们这样做都是为了让环境或课程变得更丰富、更有趣。在这个教室中，一个更丰富的课程并不是意味着要求"更复杂"或者"更多的"材料，相反，是意味着简化已有的东西和改变儿童对自然材料的实际使用情况。

具有这种想法的教师需要对新方法持开放的态度，并愿意尝试新事物。虽然，对一些人而言，这可能会让他们觉得不平衡，但这种创造性思维和回应会发展成一种思考的习惯，从而激发我们进行教学实践的热情。

如果我们能够保持开放的心态并仔细观察，孩子们的项目会让我们对理所当然的实践和环境进行反思。有时这样的反思会使得我们的教学活动向更好的方向转变，至少会让我们对教学实践中的一切事情做仔细的思考。

> 在下一章，有一个教学团队的故事。这个团队仔细地为每个孩子设计了一个项目。还有一个教师的故事，当孩子们的活动向意想不到的方向转变时，这个教师就要考虑孩子们的日常活动安排。在这两种情况里，教师的反思和回应推动了一个新的活动方向的生成。

> 观察孩子们的兴趣需要一套灵活的自觉的心理定式。教师的教学议程中要留有一个空间,或者要具有开放性,这样某些意想不到的事情可能会发生。
>
> ——卡罗尔·安妮·维恩

第 5 章 抓住意料之外的事情:爆炸(和企鹅)

在新罕布什尔州康科德的爱默生学龄前儿童学校,苏珊·哈格纳和她的同事已经开展生成课程很长时间了,她们花时间去思考儿童游戏背后隐含的意义,小心谨慎、充满创造力且深思熟虑地回应儿童的想法。这样,当一个喜欢画画的男生开始关注战争、飞机、炸弹和空间大战时,这个教学团队以他们一贯周到的方式来着手处理这个有些许破坏性的游戏。他们自问:"我们怎样引导这种激烈的兴趣?""这个游戏本质上是关于什么的?""他的需求是什么?"

事实上在早期儿童游戏中,孩子们有攻击性和暴力性的表现并不罕见,甚至是越来越常见。这难免会让教师们十分惊愕。大多数教师都努力帮助孩子们学习解决冲突的方法,学会用和平的、互相尊重的方式解决问题,发展社交技巧。当我们看到孩子们在游戏中互相射击,或者表现出对战争的强烈

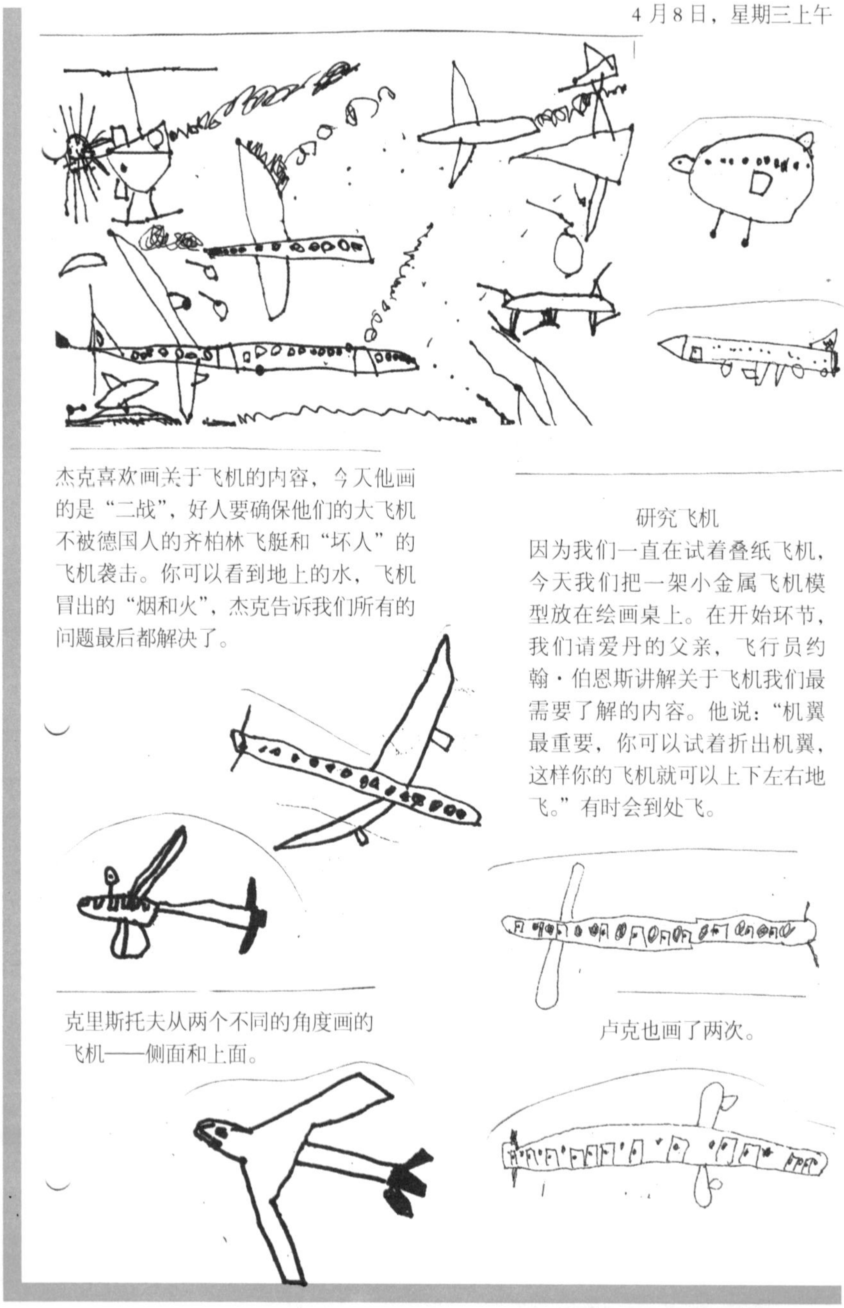

4月8日，星期三上午

杰克喜欢画关于飞机的内容，今天他画的是"二战"，好人要确保他们的大飞机不被德国人的齐柏林飞艇和"坏人"的飞机袭击。你可以看到地上的水，飞机冒出的"烟和火"，杰克告诉我们所有的问题最后都解决了。

研究飞机

因为我们一直在试着叠纸飞机，今天我们把一架小金属飞机模型放在绘画桌上。在开始环节，我们请爱丹的父亲，飞行员约翰·伯恩斯讲解关于飞机我们最需要了解的内容。他说："机翼最重要，你可以试着折出机翼，这样你的飞机就可以上下左右地飞。"有时会到处飞。

克里斯托夫从两个不同的角度画的飞机——侧面和上面。

卢克也画了两次。

图 5-1　孩子们画的飞机和爆炸

兴趣时，我们要保持警觉。有些教师倾向于简单地禁止这种类型的游戏，但我们发现，环境中的任何东西都能被孩子们用来当成枪。其他教学团队试图研究这种游戏，并找到这种兴趣的根源。

苏珊的故事：思考爆炸

爱默生团队决定仔细观察，看看这个游戏是由什么组成的。他们看到活跃的孩子动作很多，经常还表现得很暴躁。当更进一步地思考暴躁的行为时，他们想知道他们的调查是否会让这个活跃的孩子以及其他孩子感兴趣。他们向小组提出了一个富有挑衅性的问题："是什么引起了暴躁行为？"

同一时间，在世界的另一边，一个真正的火山爆发了。在成人的帮助下，孩子们很容易在线追踪这条新闻。教师感觉到这是一个机会，于是向孩子们发出了一些邀请。每天教师都为孩子们准备了实验，实验内容包含了各种方式的爆发、爆炸和让东西发出嘶嘶声和隆隆作响声。就像真正的科学探索一样，孩子们被要求预测各种可能会发生的事情，画出他们的想法，观察和揭示爆炸的原因。

一些样本来自于丰富的文档，这些文档是早期当每个可能类型的爆炸被探究时记录下来的，有关于从泡沫到火山的，有关于颜料飞溅的，也有关于面包团爆炸的。

文档传达故事

教学文档的作用在这个项目中很重要。既然爱默生学校的孩子被分成两个小组，分别只上部分时间的课，每组的教学常常不一样。在这种情况下，原先的孩子在一组，而另一组会有很多父母参与其中。

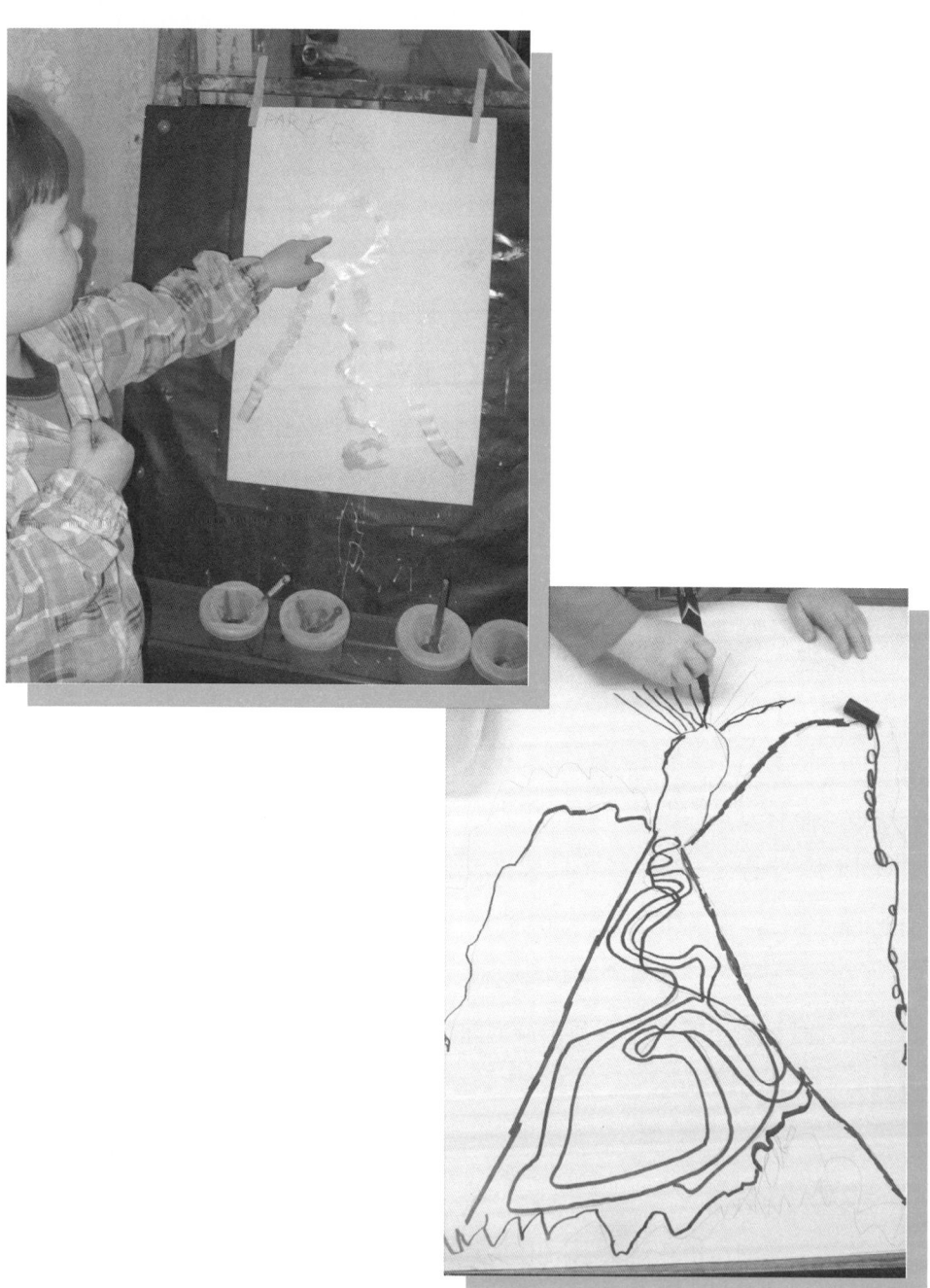

图 5-2　使用各种方式表示爆炸

图 5-3　随着时间的推移，所有的孩子都在上面作画，壁画逐渐成形。这些壁画表现了孩子们的思维，令人印象深刻

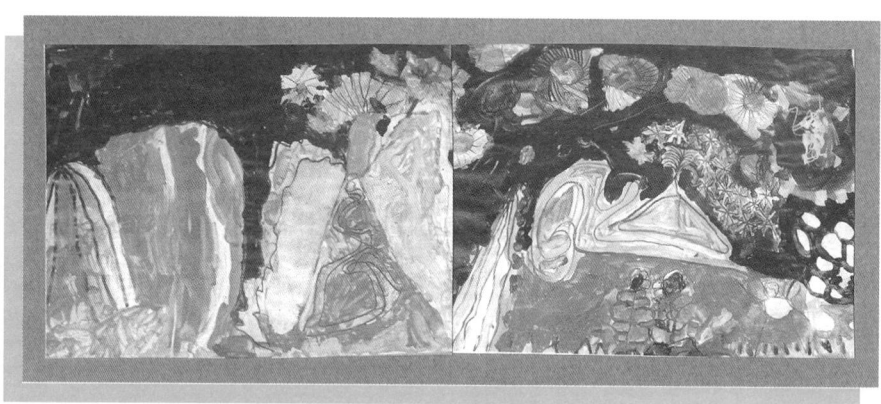

图 5-4　完成的壁画

教学文档成为两个组之间重要的沟通工具。如同在实际生活中，热情在课堂上也是会传染的。一个组的孩子会对另一组的想法、观点和理论非常感兴趣。

2009年1月30日，星期五下午

板块印刷制作是一种浮雕印刷制作技术

首先我们用一块泡沫剪出许多形状，用胶棒黏到硬纸板上。我们决定在星期一给板块涂色并将颜色压到一张纸上。

今天多亏了 Althea，是她代替了 Janice。

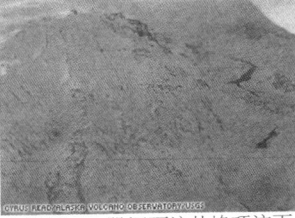

美国有线电视新闻网新闻里的火山阿拉斯加的火山堡垒山预计将会喷发，迹象越来越明显。

喷发是什么？就是气体、尘土、熔岩或热水释放到空气中。

本周初，一股泥石流从峰顶流下。

Althea 带来了原料，Clark 在读食谱。

今天，我们制造了一次喷发（气体的释放），用到了苏打粉、醋、食用色素、洗洁精。

图 5-5　丰富的文档内容描述了孩子们了解爆炸和火山喷发的过程 1

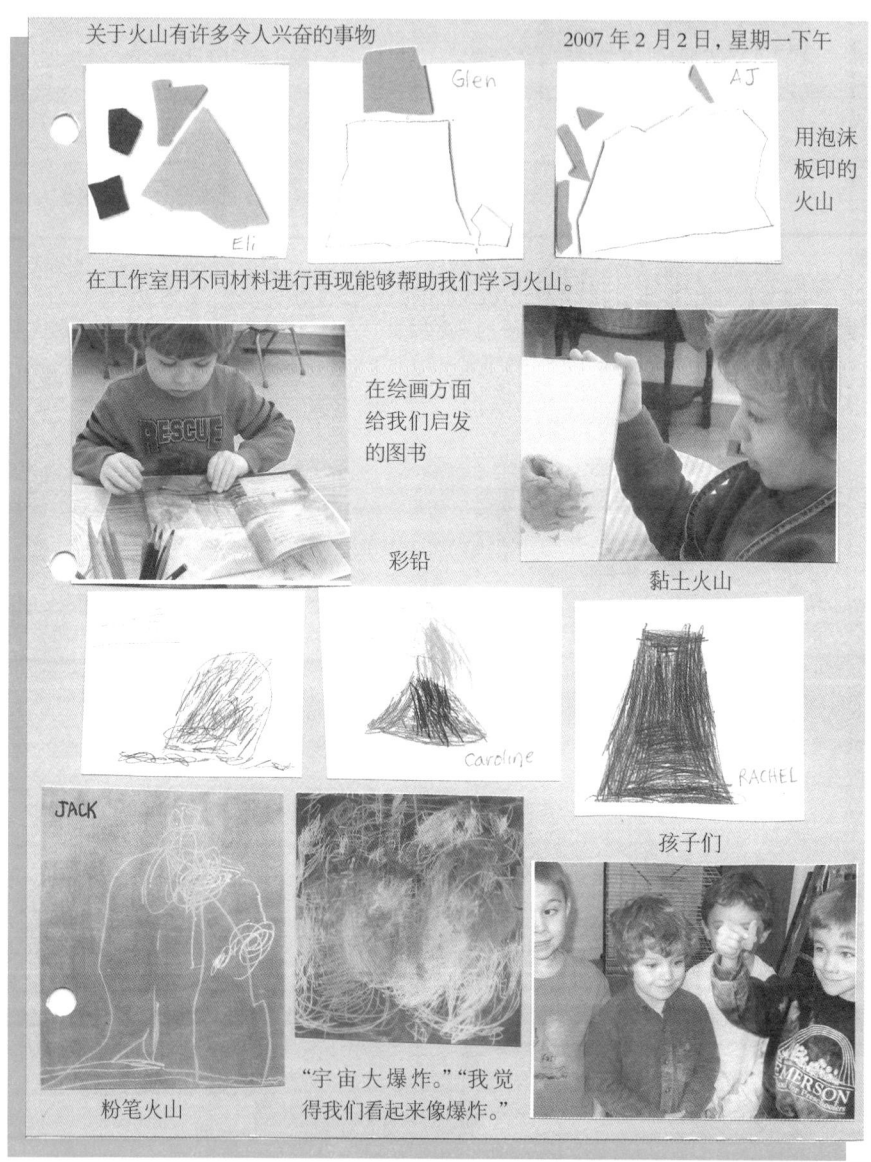

图 5-6 丰富的文档内容描述了孩子们了解爆炸和火山喷发的过程 2

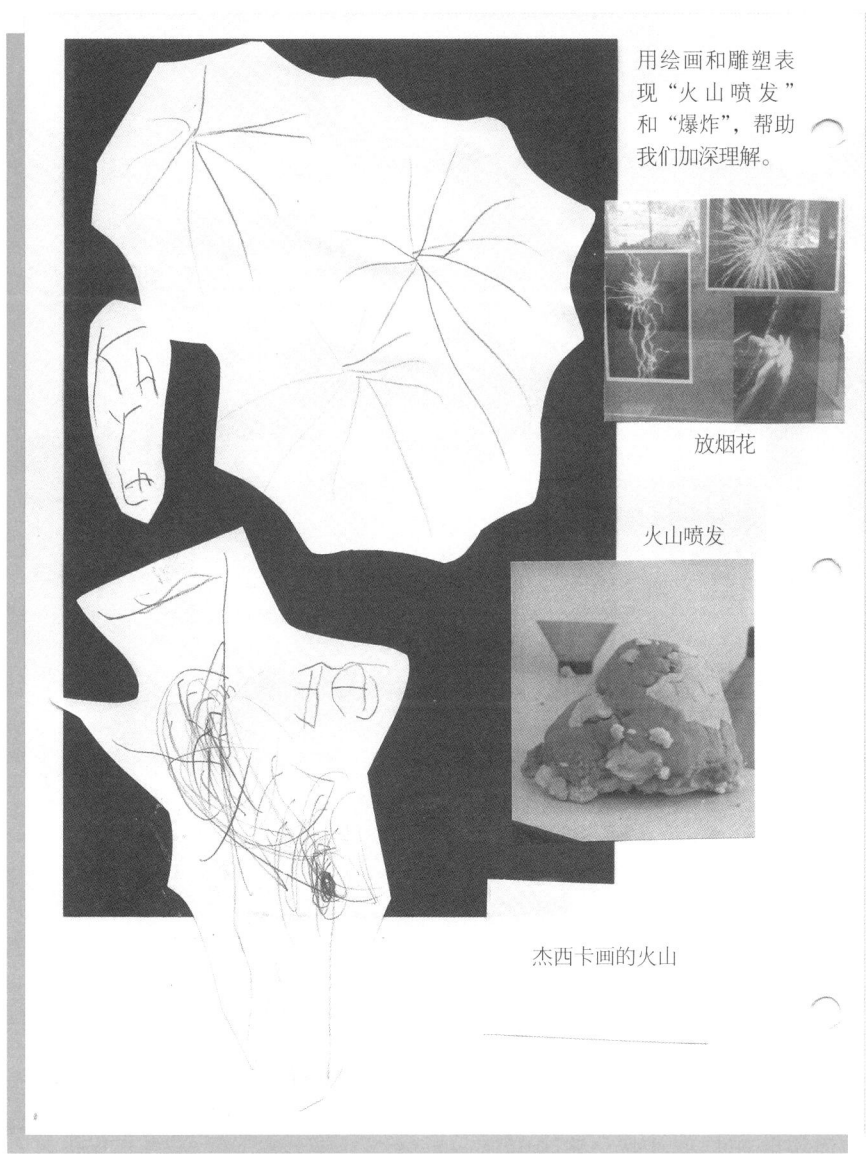

图 5-7 丰富的文档内容描述了孩子们了解爆炸和火山喷发的过程 3

2009 年 3 月 18 日，星期二上午

我们的壁画完成了。每个人都发挥了不同的作用。

我们自己用苏打粉和醋做试验。

工作室作品

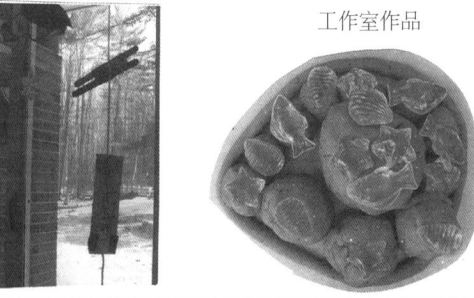

图 5-8　丰富的文档内容描述了孩子们了解爆炸和火山喷发的过程 4

当我们面临富有挑战性的问题时，往往是需要生成课程来解决，需要激发开放性思维，去思考孩子们为什么在做或思考某些事情，或去思考孩子们为什么在以一种特殊的方式行动。当我们对可能会发生的事情保持警觉时，当我们找到方法与孩子们一起活动而不是试图改变他们时，这样美妙的活动轨迹就会生成。

即使我们认为我们知道课程发展的方向，教师也必须对儿童意想不到的想法持一种开放的心态。

米歇尔的故事：意外的事情

在斯科舍省坦塔仑的大进阶儿童中心里，教师们在秋季学期花费了几周时间去支持孩子们对冬天动物的探究兴趣。其中一位叫米歇尔·泰西耶的教师描述了当时的情况。

> 10月底到11月初，天气渐渐转凉了。我们正在谈论天气。孩子们在讨论哪种动物能忍受寒冷。对话迅速移到北极和在那里生活的动物。因此我和教学伙伴安吉丽都认为我们可以去图书馆借一些关于企鹅和其他动物的书。几天后，我们把书放置在班级图书馆。当班级的故事时间到了，我问孩子们是否愿意读一本关于企鹅的书。如果他们表现出浓厚的兴趣，我们就会和他们深入钻研这个话题。结果大多数的男孩子叫喊着："耶，企鹅！""耶，匹兹堡企鹅！"
>
> 我惊讶地回答道："我说的是生活在南极的企鹅……"并向孩子们举起真正的企鹅的照片。但是孩子们还是照样叫喊着："耶，匹兹堡企鹅！"此时，越来越多的孩子欢呼起来，并互相

图 5-9 冰球场上的拥抱

兴奋地聊起冰球、企鹅队、冰球装备,谁有真正的冰球棒,谁的兄弟在玩冰球。

我抱着我的企鹅书坐在那里,看着安吉丽。整个冬天,我们玩冰球,研究冰球,穿针织的运动衫,带来冰球棒,引用比赛规则,制造赞博尼磨冰机和学唱国歌。

虽然起初我们完全被孩子们的反应吓了一跳,但是我们迅速重新调整自己的做法,并做出回应。了解了孩子后,我们完全能理解企鹅在孩子的心中指向冰球队的原因。他们的家庭,特别是孩子们的父亲,在闲暇时喜欢玩冰球,许多人打冰球的水平在当地是比较高的。因此,这些孩子们很早就知道冰球场上会发生什么,与比赛有关的仪式,以及如何打冰球。

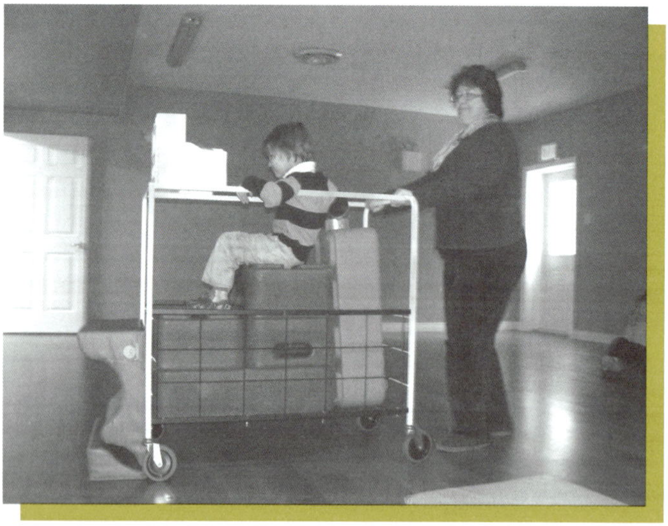

图 5-10 用"赞博尼磨冰机"处理"冰"

这个项目很快发展成了一个创造性的合作项目。孩子们非常清楚冰球比赛中必定要做的事，很多次他们带头将健身房当作冰球场。例如，他们告诉老师所有的队员在滑冰之前，必须用响亮、浑厚的声音点名字、报人数。这个播报员的角色由米歇尔来担任。

然后必须唱国歌。班上有两三个女孩只是偶尔假装打冰球，实际上她们对这个项目不是特别感兴趣，然而她们还是乐意接受冰球项目，然后再开始她们自己的游戏和项目。

教学团队给孩子们提供了一种方法去制造一个急需的设备——赞博尼磨冰机——用一个旧的手推车代替。孩子们给这辆手推车增加了一个纸板箱和垫子，这样磨冰机就做好了。

项目发展了新的方向

通过对这个游戏的反思，我们发现了什么样的潜在含义？米歇尔指出孩子们理解了团队合作的概念。例如，当在健身房游戏时，他们会说"我们赢了"（指斯坦利杯），并相互拥抱。他们也会假装在冰球场上打架，毕竟，这在冰球比赛中也是常见的。他们也理解裁判员的想法，什么是"君子冰球"，裁判哨也是比赛的必要部分。

虽然孩子们这几个月来完全只关注冰球，但教师们注意到，随着孩子们关注点的改变，其他的兴趣也会随之出现。这些兴趣包括权力、力量和男子气等问题。例如，当孩子们在户外时，他们会在露营地用岩石做成篝火玩。这很正常。但在关于保护森林的谈话中，当米歇尔介绍短语"地球的管家"时，男孩开始玩守卫边界的游戏，并把他们的游戏空间包围起来。他们立正站立，表情严肃，每十分钟一次发出低沉的声音。

教师对孩子们表现出的权力和力量进行了调查，并饶有兴趣地观察这些调查过程。在孩子们的游戏过程中，教师要抓住时机提醒孩子们：当他们变得更强大时，他们应当照顾那些比他们更弱小的人们。因此，他们慢慢学会了保护操场上的小孩子，并用低沉的成人腔与小孩子们说话。

当庆祝埃德蒙·希拉里爵士征服珠穆朗玛峰的仪式临近时，这个户外游戏又有了新变化。随着周年纪念活动的新闻被报道出来，米歇尔用这些新闻引起孩子们的注意。孩子们开始在后院的一座小山上玩攀登珠穆朗玛峰的游戏，使用绳子、梯子和塑料瓶做氧气罩。他们一遍又一遍地展示：穿过裂缝，设计不同类型的梯子，爬过椅子，用绳索从小的斜坡降下来。然后教师将绳子扔下来，孩子们会再爬上来。游戏中包含了戏剧性的坠落、挣扎和营救环节，游戏中彰显了力量、胆识和勇气等品质。

反思儿童关于权力和力量的议程

当游戏难以控制或者出现胡乱打闹的行为时，教师有时会担心。因为确保孩子们安全是教师的职责之一，教师应该让课堂平静和有序。但我们知道孩子们需要这种类型的游戏。他们需要表现得不怕危险、大胆、有冒险精神，他们需要体验这种感觉，去了解怎样才是安全的，去了解在这些情况下如何与其他人合作，去了解当其他组"反对"他们时该做什么。这是小组一日活动的一部分，有时也是生活本身，我们能够通过游戏来帮助孩子们注意它而不是立刻结束它。

当今社会的孩子会面临好多种压力，这些压力可能来自于新的弟弟妹妹的出生或者搬家，也可能因为父母在战争中遇难或失业。游戏则可以用来帮助孩子宣泄情感，调节压力，因为游戏中通常包含了大量的体力活动，还有许多交互的机会（包括大声地交流），而且游戏通常是儿童主导的。但是，有时候，孩子也可以选择独自待在一个安静的地方来减压。在一天的不同时间或者对于不同的压力，儿童也许需要选择不同的、可用的疏解压力的手段。

我们如何帮助儿童释放压力呢？应该做到以下几点：

- 如果必要的话，给儿童充足的时间和空间去一遍又一遍地玩释放压力的游戏。
- 教师要仔细观察和倾听儿童，在需要的时候提供一对感同身受的耳朵。
- 给儿童在室内和室外都提供允许他们喧闹的地方。
- 让儿童有机会通过绘画、戏剧、音乐和口述故事来进一步呈现他们的游戏，教师只需要担任记录员的角色。
- 根据儿童的体力、日常活动和预期，确定合理的、连贯的活动界限，灵活地应对个别孩子的需求。

在前面的例子中，教师团队关注孩子们在做什么，并保持开放的心态，考虑孩子行为的潜在含义、教师如何探究孩子，以及孩子们如何从这些探究中获益等因素。

由于教师的灵活性和及时反思，积极的结果发生了。儿童能够在建立他们的先验知识的同时探索体验权力和兴奋的强烈感受。相比于教师禁止孩子做爆发性和好斗的游戏，这结果是更有益、更有收获的。在安全、互助的环境里，这些孩子能够响亮地、强劲地和精力充沛地进行实验和学习。成年以后，他们也一定会记得孩童时代对爆炸和企鹅活动的学习，也许他们将会和他们自己的孩子分享这令人愉快而不寻常的经历。

在下一章，我们将分享另一群探索火山的孩子的故事。这些故事包括高强度的体能游戏，这种游戏加深了所有游戏参与者之间的联系和理解。

> 总会有方法做得更好的——找到它。
>
> ——托马斯·爱迪生

第 6 章 日常活动、回应和教师角色的灵活性

检查旧的教案时,首先要以诚实可靠和深思熟虑的眼光看待日常活动。教师在课堂上和课程中的儿童一起,被嵌入日常教学活动之中。虽然儿童在他们熟悉的、可预见和安心的日常活动中会茁壮成长,但这并不意味着在应对儿童的需要和想法时不能采用灵活多变的日常活动。在反思日常教学活动时,重点要考虑以下的问题。

- 为什么日常活动的特殊部分会在一天的这个时间出现?
- 孩子们对此会做何反应?
- 怎样严格地遵守时间框架里的安排?
- 是否每个环节都能按时组织?为什么?
- 谁落实这些要求?为什么?
- 如果不是按照时间点安排,我们还能怎样设定活动的时间框架?

- 当我们开展活动时，是什么导致我们改变活动？

要创造性地思考这些问题并不容易，因为世界上多数事物是按时间顺序以看似符合逻辑的方式组织起来的，我们许多人依靠时间来考虑在我们工作场所发生的事情。

内奥米的日记

最近几周我感觉自己像离水的鱼。当考虑尝试一个探究性方法时，建议教师找到一个舒适的切入点。只凭借从书上学到的方法设计和实施教学，犹如踏入别人的课堂一样，会觉得一无是处。加上我自己苛求完美，所以我长时间连轴转去做教学计划……我想我确实是有所收获的。

介绍垫脚石儿童中心

佛蒙特州伯灵顿的垫脚石儿童中心，是一个全日制的私立混龄教育机构，为35个有2—5岁儿童的家庭提供服务，平均每天4位教师服务20个孩子。在日常教学活动中教师采取灵活多样的教学方法，他们根据孩子们的行为和好奇心来决定下一步要做什么。他们现在有意设计开放式的活动时间表，以让孩子和教师们尽可能地有自由时间去开展"生成性"的活动。从基本的时间框架表内容（如入园、游戏、吃饭等）可以看出，教师可以灵活安排活动的方式、活动的内容、参加活动的人员以及活动的时间。教师也被给予充分的自由去利用自己的优势、兴趣和能力与孩子们合作。

莉斯的故事：转换教师和火山

莉斯·罗杰斯已经在垫脚石儿童中心从教18年多了，她非常喜欢中心这种富有创造性的校园文化。她解释道，发生在学校的一些事情，是对真实生活中的快乐和事件的回应，生成活动来源于这些回应——通过关系分层到事件——莉斯继续用她自己的话说，就是来源于倾听和关注。

培育富有创造性的校园文化，不仅需要关注兴趣、好奇心以及生发于孩子和教师之间的项目，而且需要关注方法，这些方法构建了我们的每一天，促进独出心裁的思维和创造性尝试的生成，并迸发出火花。

当我们决定要采取"生成"的方法与孩子们一起学习时，我们也发现我们必须积极探索方法，即从按照传统规范样式的计划表做事（单方向的靠时钟转换）转换到现在以开放的形式做事。在这种转变中，我们首创了"转换教师"这个角色。本质上，他就是一个"管家"，指导我们安排每天的活动。我们按照全职教师每周工作4天（10小时/天，上午7:30—下午5:30）组织工作，每个教师在特定的工作日会担任转换教师（也亲切地被孩子们当作厨房老师）。知道哪天谁是厨房老师，谁是教学老师，会影响我们在学习社区进行的目标预设和全天的课程组织方案。同样地，我们也能期望与一个特别的朋友度过一天。我们不会过多地依赖时间表安排的内容来决定我们要做什么，而是希望受出现的相关事情和机会的激发决定去做什么。

转换教师要重点做好对入园家庭的接待，接听电话询问，及时记录特殊情况和药物治疗情况，安排点心和午餐，以及帮助孩子的自理活动。我们发现这是一项对体力要求很高的工作，也是一项令人愉快的工作，因为要负责接待，可以与家长交谈，和孩子们一起准备食物来进行家庭式用餐。转换教师体验到了强烈的目标意识以及照顾整个社区和每个教师的满足感。同样，这种目标意识和满足感也体现在选择接待日的活动安排中，比如烹饪、布置午餐桌等体现的就是一种照顾的感觉和为社区每个孩子提供帮助的自豪感。

我发现这些年我们课程中策划的非正式的灵活多变的内容非常生活化。例如，我们早上（大约上午8：30—10：30）和下午（大约下午3：00开始）提供给孩子们点心，那时他们也饿了。孩子们一群群聚集在餐桌周围。有时孩子们喜欢独自吃饭，有时孩子们喜欢挤在一起以便腾出更多的位置与更多的同伴一起舒适地共同分享，有时他们不得不等待。午餐是一天里我们唯一按照时间表安排的活动，大家坐在一起，像一大家人一样吃饭。交谈很生动。我们反思上午做的所有的事情，计划下午可以做的事情，讲讲笑话，或者和朋友一起放松一下。我们也会跟一些家长一起坐坐，在半天的活动后，家长接孩子回家之前，他们会拉过一张凳子坐下来和我们一起享用自制的面包。

因为我们没有根据时间表来严格设定一天的活动，所以转换教师的角色就非常重要。这个教师为一天设置一个大体的节奏，这个节奏不仅反映在独特的欢迎仪式中，而且也反映在他选择的完成工作日必要事务的方式中。每个教师都有自己的方式和节奏，每个人（员工和儿童）会在这些不同之中找到平衡。我们开展一天的工作和保持组织的这种方法，深刻影响着我们学校的文化，因为它的基调是满足我们的基本需要，依据的是人，而不是时间表。通过这个方法,我已经发现孩子们不是固定地根据时间表提出问题。(项目时间是什么时候?自由游戏时间是什么时候?故事时间是什么时候?)相反,他们通过询问了解项目和人员安排,再制订自己的计划。(谁是厨房教师?我想做午餐助手。当达纳老师在这里,我想请她做针线活。我感觉确实参与了——我们现在能做了吗?谁要出去吗?)提问中的微妙变化,能够使孩子们受到激发去启动和创建他们的每日活动,这些都基于他们发展中的完整设计(包括短期或长期的项目),以及与同伴和教师的共同兴趣和好奇心。在进行计划中的活动时,孩子们会不停地被按时间表设定的计划打断。当他们刚刚钻研到探究的表面,快要进入一种流畅的状态时,这个时间表却要求他们赶快停止(奇克森特米哈伊,1990)。我们要将尽可能多的开放时间应用于能够带来深入的、有意义的和难忘的体验的生成活动之中。

因此,比如,当4岁的贾斯汀这学年的日程表有变化时,他将星期二叫作"莉斯日"。通过将周二与一位老师连接起来,他创建了带有自己取向的方法。贾斯汀用部分时间参加中心的活动,他知道我们都是星期二在垫脚石儿童中心。因此,他期待在那些天我们将做的活动。我也知道有个需要与他维系的学习关系。目前我们一起分享在科学和摄影方面的浓厚兴趣。所以在贾斯汀的日程表改变的第一个星期二,当我到达并开始工作时,我很高兴地面对贾斯汀的挑战:"莉斯,我带了科学书在我包里,你猜猜是什么?火山仍然在那里。"

就在去年的这个同样的时间,我们玩黏土玩了很久,当时贾斯汀带来了他的科学书,我们决定塑造我们的第一个火山。这个项目抓住了许多其他感兴趣孩子的注意力,我们先在中心,然后在外面院子里实验火山，这个课程花了两周的时间。当我们完成时，我们将剩余的黏土又倒回了野外。去年的那段探索经历仍历历在目，贾斯汀邀请我再做一次。

图6-1 儿童用自然素材探究黏土

这次，除了黏土，贾斯汀认为我们可以用石头，当其他新的感兴趣的探索者加入时，我们的想法又变了，我们决定从院子里收集更多的自然材料（树叶、树枝和覆盖物）。现在是9月了，新来的孩子正在学习白天要怎么度过，他们怎样对社区有归属感和为社区做贡献，他们能够怎样安排一天的活动。有什么比与热情和有经验的同伴一起从事动态的实验更好的办法，来了解新场所的成员呢？

然而富有挑战的是探索过程中的科学性，它也为发展同伴关系提供了机会。同时，因为儿童是做中学，这也创建了一个环境来发现"我的朋友和我能够成为创新者和创意者"。等到火山造好了，孩子们不仅作为一个小组继续科学实验的实施和观察，而且他们还了解彼此的兴趣和技能，与小组分享了他们独特的知识，甚至他们个人的故事。一个孩子谈论了她能带来的关于火山的书，另一个孩子分享了他与父亲制作火山的故事，贾斯汀和我谈论了我们去年制作火山的过程。这个探究活动的顺利开展要求孩子们彼此近距离地活动，轮流参与，当有许多人一起参与时,活动过程要灵活安排。

甚至在清理活动场地时,孩子们还发明了一个新的游戏:跳到黏土上面。这带来了意想不到的活力和学习经历,并推迟了我让他们对观察到的内容进行总结和反思的计划。这时我们面临着选择:是坚持遵从教师让孩子们书写和记录的计划,还是支持他们通过玩新的游戏来培养创造才能?这两种做法都重要。

在新学年的开始,对友情和团结的关注占了上风,我们把桌布和大块黏土拖到大的预留房间里,那里有足够的空间让孩子们安全地在黏土堆上跑和跳。在这个粗大运动游戏中,孩子们学会去欣赏彼此的体力活动,学会轮流参与,在我轮流叫他们的名字中彼此认识,挑战谁跳得高,谁能将黏土弄开。我认为在未来的几天里我们还有机会让火山爆发更多次,还有很多机会来反思我们的经验,为此的等待将是

图6-2 孩子们快乐地进行探究黏土的游戏

值得的。

孩子们的传统：茶和故事

这个中心有一个值得注意的方面，那就是前面提到的创造力文化。莉斯解释道：垫脚石儿童中心支持和鼓励教师发挥创造力，可以根据自己的兴趣来开展工作。教师可以自由地在学校显示自己的个性，而不是被期望"表现得像一个老师"。当教师可以自由地探索感兴趣的项目时，他们能够回应、关注和倾听，并事先采取相应的行动。例如，在莉斯的案例中，她开发了一个宝贵的项目——"茶和故事"。

"茶和故事"设置在课前一段时间，源于莉斯自己对人际关系的兴趣，并将人际关系作为课程活动的中心。莉斯承认，不论成人还是儿童，当人们围坐在一起，处于一个放松和彼此尊重的环境时，他们能够说出他们的故事。这些故事可能是关于任何事情的——他们的家庭、经历、虚构的故事、对事件的反应、想法，等等。通常，当成人坐在一起谈话时，他们会喝茶或其他饮料，或者一起吃东西。

图 6-3 茶和故事

为了重新营造这种倾听孩子的氛围，莉斯发明了"茶和故事"时间。在这段时间里，任何一个孩子或所有孩子可以和教师坐在一个舒适和安全的氛围里讲故事。很明显，孩子们爱上了这个惯例。多年来，它已经成为学校教学活动的一部分。当有孩子提出："我们有一阵子没有玩'茶和故事'了。"莉斯立刻做出回应，几个孩子和她一起，在那个上午围坐在图书馆的桌子旁，开始"茶和故事"时间。

查理没有参与"茶和故事"时间。他坐在附近的蒲团上，但能听到其他小朋友讲的故事。他在做着实验，用手指做成一种面具遮在眼睛上，然而莉斯感觉到他在听大家的讲述。最后，在休息时间，查理从沙发上站起来，向其他小朋友展示他刚才做的东西。孩子们有兴趣地听着，然后还是继续他们自己的故事。查理仍然站在讲故事的孩子们的桌子旁，听他们聊天，莉斯对查理所做的事情做出回应。她说："你知道吗，你告诉了我们如何用手来做面具。"查理笑着说："我还知道如何用我的手做其他戏法。你想看吗？"像玩"敲门玩笑"会传染一样，孩子们练习和分享了各种各样的手指戏法，甚至一些瑜伽动作。

图 6-4　孩子们展示手指戏法

图 6-5　孩子在书写和图解一本"怎样做"的书

当"茶和故事"时间结束后,莉斯走近查理,问他是否愿意写下他用手指做面具的步骤。他非常喜欢这个想法。莉斯帮助他写了第一本小书,后来分享给其他孩子,然后放在教室的书架上。莉斯说:"查理的成果对其他孩子起到了很大的积极作用,4岁的露西对查理的小书很感兴趣,并问查理她是否可以大声朗读。查理也还没有完全读过,但露西异常熟练,并渴望尝试一下。我们可以想象到孩子之间的互动会带来多大的影响。作者听到他的书被他的同伴大声读出来,这对作者是个激励。之后查理又写了许多'怎样做'的书,所有的书都被其他孩子拿来分享,这同时也激发了其他孩子去写他们自己的'怎样做'的书。这让我和合作老师不断寻找方法让孩子们能互相提供资源。"

这个简单的例子说明了教师的倾听、注意和回应——这是针对单个孩子的例子——是怎样极大地影响接下来的活动和让孩子们受益的。在这种情况下,由于莉斯面对的是一大群孩子,因此教师很容易忽视查理的行为,因为他选择不参与到群体的活动中。莉斯通过查理展示他做好的东西,看出了查理事实上确实沉迷在自己的事情上。莉斯对查理的行为进行了跟进,允许查理开发他的写作技能来做一本有关他的想法的书。查理做的许多书让他以另一种方式表达了自己的想法,这比口头分享他的故事更让人舒适。

在垫脚石儿童中心这样的环境中，教师可以自由地去注意这些看似很小的事情。例如，如果莉斯是在教室的时间框架内工作，那就要求她在"茶和故事"时间之后立即进入另一个活动，她将不会自主地去追踪查理的行为。在一些情况下，一旦时机过去了，就失去了利用孩子的兴趣生成课程的机会。

垫脚石儿童中心生成课程还有一个"会议和讨论"时间。每周，教师有一个半小时的时间去为每个孩子写日记。此外，每个教师每周有一个小时的时间做反思和计划，一个小时留作"对话时间"。在"对话时间"里，两名教师可以讨论和推进共同的项目。每月一次，中心会提早关门，全体员工按照惯例聚在一起开会，会上包括分享和讨论等内容。

但除了这些正式的安排，还有非正式的讨论。非正式讨论在咖啡时间或工作日。对出现的问题，教师们一起讨论或做出回应，或者彼此交换意见，或者问："如果……会发生什么？"这些非正式的对话内容也许会被带到对话会议上，通过"头脑风暴"得出结论。这是完全非结构化的，但这为后来的思考和反思提供了"养料"。头脑风暴和反思的结果，可能会成就第二天的计划——对某些事情的尝试——或者也许是教师和孩子一起制订一个计划。当教师能够自由地决定带什么到教室去，课程就变成了一个美好的合作，综合了孩子和教师的兴趣与需求。关系变得真实可信，课程就建立在教师与孩子关系的基础之上。

"茶和故事"并不是早期儿童日常活动的典型部分，也不是转换教师的角色。你可能发现这些方法没有在早期儿童教育（ECE）课程书或大学课程里描述过，而是来自有创造力地回应儿童的地方，产生于有创造力和有响应的教师。这些教师与孩子们合作，为所有的孩子工作。

在下一章，有一个关于重新思考幼儿常规活动的故事，特别是针对课程发生之地的。故事激励我们去创造性地思考，去创造性地思考计划活动和常规活动，以及这些活动的发生地点。

> 倾听和观察的重要性与过渡紧密相关，无法清晰界定开始和结束时间。它是一个过程，其间有暂停，有尝试和调整，同时涉及家长的参与和想法。
>
> ——克里斯蒂娜·博达威利

第 7 章 学步儿童的生成课程

面对学步儿童，教师进行生成课程教学时，会遇到许多问题。学步儿童的兴趣可能瞬间就会改变，在这种情况下课程如何展开？我们如何利用一天中所有的特殊时刻？如何应对学步儿童快速变化的需求？

学步儿童和特殊时刻

学步儿童的天性决定了他们在教室里的活动有时似乎是瞬息万变的——刚开始还对某个材料或者游戏表现出强烈的兴趣，然后很快又被吸引到其他事情上去了。因此，环境对于学步儿童是非常重要的，因为学步儿童是活跃的学习者，所以必须要有材料供他们使用，有空间供他们活动，有传感材料让他们摆弄、让他们攀爬、让他们闹腾。换句话说，就是让孩子们全身心地参与到探索和学习之中。

在对学步儿童使用生成课程时,我们就要选择这些快速、让孩子着迷的精彩瞬间作为出发点,或者将快速变化、让孩子着迷作为改变环境的动力,以应对孩子们的需要。无论哪种方法都可以,因为幼儿通常不能像大孩子一样清晰地表达他们的兴趣,教师必须特别敏锐地观察和回应他们。

事实上,学步儿童也能开展一些项目,但这些项目也许不像幼儿园开展的项目。相反,在实践生成课程时,学步儿童的教师会发现他们能探索地球上更广泛的范围,比如,组成一个群组,到户外探索,钻研新材料,探寻独立和相互依赖的创意,或者花费数周沉浸(相当程度上)在感觉体验里。

本章讲述了两组特定的学步儿童,一组在加拿大,一组在美国。故事分别举例说明了教师如何回应孩子的需要。在其中一个案例中,教师的回应是通过改变环境;而在另一个案例中,教师的回应是通过与他们父母的交流。

安德里亚的故事:将教室搬到户外

学步儿童的需求是独特的。处在越来越多的独立性需求和持续的被养育的需要之间,他们会依次表现为令人愉快的、热烈的、充满爱意的、坚定的、在行的、无限好奇的以及令人困惑的——所有这些发生在一个小时内。

学步儿童对于不得不与他们的家庭分开,来到儿童看护中心,感到特别困难。安德里亚·福斯特在新罕布什尔州康科德的儿童与家庭发展中心(Child and Family Development Center,以下简称 CFDC)的家庭活动室照料学步儿童,她希望通过她的照料,让孩子们来到中心时更容易适应,同时也让家长更容易适应。

与此同时,她注意到 CFDC 美丽的户外自然空间没有被好好利用。就像许多儿童看护中心一样,孩子在户外的时间仅仅固定在规定的"户外时间"里。虽然孩子们喜欢在这段时间到户外去活动,但这限制了孩子们对何时出去以及何时回到室内的选择。日常活动是教师安排的,且被分别安排到标准的时间框架内,包括学步儿童平常一天所有的内容,包括具体的户外活动时间。

安德里亚和同事一起反思如何解决这两个有挑战性的问题:学步儿童的入园和户外空间的有效利用。教师想给孩子更多的户外活动选择,特别是更多的时间。教师想要知道增加户外活动是否会让学步儿童对父母离开的感觉有所不同。在很多的反思和对话之后,教师团队决定尝试将学步儿童大部分的时间转移到户外,即便天气恶劣。他们会尝试开发一个户外活动课程,看看会发生什么。

很容易想象到,这种改变对教师来说感觉有些冒险。新罕布什尔州的冬天天气会很冷,而且有大量的时间要花在为这些小孩子穿衣和脱衣上(然而将到达时的活动安排在户外,这就不成问题了)。家长们会有怎样的感觉呢?起初,安德里亚报告说,家长对大部分时间被用在户外活动的做法观点有分歧。有些家长赞成这种做法,而另一些家长担心孩子在户外会感冒或哮喘。经过多次和家长们谈论孩子们的需求,家长们都赞成这个课程,现在刚到 CFDC 的新人都兴

图 7-1　美丽的邀约:探索放大镜和自然材料

图 7-2 有吸引力的户外阅读区域

奋地进入了这个环境中。

学步儿童的教师们每一天都是先将一些室内的家具搬到室外去。这需要部分员工做出额外的牺牲，因为早班只有一位教师，那位教师就要比正常上班时间提前到校。移动架子和大篮子不是一个小任务。但这样做会让教师创建一个户外教室。除了自然环境里的堤坝、圆形剧场、沙箱和蜿蜒的小路，户外教室还包括阅读区域、平台上的隔断、桌子、以及教师根据观察得出的必要的其他东西。

现在孩子们几乎整个白天都在户外。一旦第二个教师来了，孩子们可以自由选择是继续待在户外还是移到室内。多数孩子会选择继续待在户外。

值得额外工作

这种额外的工作值得付出吗？在户外的学习不同于室内的学习吗？安德里亚的报告显示：户外的探索可能是非常迷人的，特别是对那些通常注意力保持时间短的孩子。例如，她观察到一个孩子对影子产生了探究的兴趣，她花了一个小时完全专注于观察影子，触碰影子，在影子周围走动，踩影子，然后重复整个过程。

户外的学习安排满足了学步儿童对体育活动的无尽需求。他们睡得好，吃得好。即使孩子们想到处走走也没问题。因为如果是在室内，孩子们可能会因为空间有限而互相拥挤。安德里亚相信，在户外孩子们的自我调节能力似乎会发展得更自然，孩子遇到的社会性交往方面的问题也会更少，他们需要的指导也更少。当孩子们在室内出现冒险举动时，他们用一种更专注的方式使用室内材料，好似用新的眼光在看这些材料。

不论对孩子还是对成人，户外都能提供无限的机会来进行创造性思维和回应。许多材料——沙子、泥土、水和鹅卵石——是对孩子们开放的，而不是静态的，孩子们能不断地使用这些材料（也就是说，孩子们可以移动和改变材料的形状）。这为孩子们的游戏玩法提供了更多的可能性。在户外，即使有混乱也根本无关紧要。通过像在室内一样使用户外空间，游戏的空间多了一倍，孩子之间的社会交往更多，同时也有更多的机会选择自由活动。不论孩子还是教师都能享受到空间选择上的灵活和带来的快乐。

团队里的教师努力为孩子们提供更好的条件。我们经常过于限制自己按照以前的做法做事，过于追求有效率地利用时间和精力，或者太在乎早期儿童活动应该是怎样的。要打破陈规，需要代之以一种开放的心态，愿意以不寻常的方式去尝试，以及有能力去自问自答"要是……又怎样"的问题。

接下来是发生在另一个学步儿童班级的报告。在这个报告里，教师不得不思考一个新的方法来面对一个熟悉的挑战。

香农的故事：让学步儿童与工作中的父母联系在一起

在担任了5年早期儿童教育顾问之后，香农·哈里森重返课堂，教年幼的孩子。在新斯科舍省哈利法克斯市的普安愉快儿童看护中心（Point Pleasant Child Care Center），香农开始教一群18个月至3岁的初学走路的孩子。

普安愉快儿童看护中心是一个大型组织机构，在三个城市共有122

名在册儿童。这些儿童及其家庭有不同的背景,教师也一样。所有的教师都是经验丰富的早期儿童教育工作者,中心对员工的维护工作令人印象深刻。中心致力于生成方法的研究和运用,因此,执行理事苏珊·威利斯以兼职顾问的身份,通过对话、文档支持、定期反思、研讨会的方式来给予员工以支持,并且已经持续了一段时间。

作为顾问,香农知道她每天要做哪些工作。最初的几个月,她与孩子们建立起联系,她仔细观察,支持初学走路的孩子自主地发展,调整环境以适应他们的需求。

学步儿童的教室明亮而宽敞,位于一个长廊的尽头。在长廊的另一头是厨房,中心的全职厨师德莱格在那里工作。香农观察幼儿的日常生活展开过程,她也注意到,由于教室在学校所处的地理位置原因,幼儿不知道他们的食物实际是从哪里来的。他们的午餐好像是变魔术般突然出现的,他们与厨师德莱格也没有接触,而德莱格是中心最重要的人之一。香农决定为孩子们设定一个"了解真实"的目标——她将要帮助孩子们了解他们所处

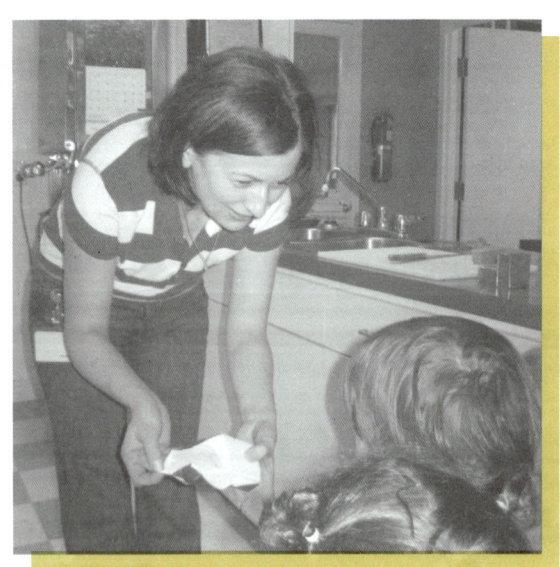

图 7-3 幼儿来到厨房,与厨师见面

的社区和社区里所有的人。考虑到这一点,教师带领孩子们一起参观了厨房,并了解到厨师和她的名字。

这时,一个新来的孩子加入到班级里来。像许多这个年龄的孩子一样,这个孩子也有些分离焦虑,经常被老师告知"妈妈在工作"。当香农想到这些话时,同时也出现了一些疑问。根据"了解真实"的目标,香农想知道那些话实际上对于孩子到底意味着什么,孩子们是否了解他们父母的工作场所,是否了解他们父母在做什么。

教师团队决定送一台数码相机给孩子带回家。这是一个挑战,因为教师团队不得不用低成本或受捐赠的方式获得相机。通过研究和搜索在线资源,他们终于找到了能够承受的相机价格。

教师请孩子们的家人在工作时,让同事帮忙拍摄他们工作时的照片。这个项目花了很长时间才实施完成。因为只有一台相机,每个家庭都要拍摄好几天才能归还相机。这样花费了几个星期才收集到所有家长工作时的照片。随着相机送到家长手里的还有一组要求。香农要求照片显示家长在工作之中的实际情况,而不是拍家长看着镜头或摆姿势。她感觉这才能为孩子们提供一个真实的情况,显示出他们的家长实际在做什么,给教师提供一些信息以便他们能够与孩子们一起讨论家长的工作情况。

随着照片陆续送来,孩

图 7-4 孩子们在查看他们父母工作时的照片

子们看到他们的家长在一个坐满学生的教室里教书、在计算机旁或实验室里工作、在雕刻一件艺术品、在某个大学上课。照片也显示出有些家长在打电话或在书桌旁工作，比如会计、人力资源经理、办公室管理人员和大学教授。

照片被收集、放置到一本活页夹里，放在孩子们容易拿到的地方。孩子们经常翻看这个活页夹里的照片。香农相信，那些照片除了帮助孩子们更清楚地理解"妈妈在工作"这个短语的意义，对他们也是安慰。这些图片有助于在儿童看护中心和父母工作场所之间架起一座桥梁，许多家庭也赞同这样的做法。

虽然许多孩子确实能够参观父母的工作场所，但由于地理、交通和工作场所的规定等原因，不是每个孩子都能做到。在这种情况下，使用照片就可以达到目的，让孩子们对家长的工作有所了解。由于考虑到所有的可能性和没有被挑战吓倒，教师们最终能够让这些孩子们"了解真实"。

教师并不总是以活动和材料的形式回应孩子们的需求。对于年幼的孩子，日常活动、关系和物理环境常常是计划的关键。他们需要心理上的安全和特别协调的程式。当我们观察、倾听和思考所有的可能性时，我们更可能去为孩子和他们的家庭创设一个"以学步儿童为中心"的流程，同时也是为了教师创设的。

> 在儿童与他们的家庭之间建立连接很重要。同样，连接家庭和他们的孩子、学校或者和儿童看护项目也很重要。其中教师和家庭之间交流的一个最重要的工具是各种形式的档案记录。下一章将探讨课程计划和其他的交流形式，事实证明这些形式对涉及的每个人都是有意义、可操作的。

> 实施生成课程是一个持续的完善过程,要对实际发生的事情做出真实的反应。生成课程实施得好的老师要能做好计划和学会放手。你只有关注儿童,才能计划一个精确的、以事实为基础的课程。重要的是对真正发生的事情做出反应,而不是依靠主观判断。教师们常常被他们主观上的好愿望所欺骗。
>
> ——伊丽莎白·琼斯和约翰·尼姆

第 8 章 记录生成课程的挑战

前面的章节,都是关于回应实际地和创造性地开展教学的故事。一些教师能够对不寻常的教学走向做出回应,比如米歇尔关于冰球运动员的教学经历和针对权力和力量的主题活动。其他的教师展示了日程安排或日常活动安排的灵活性,比如,莉斯的"茶和故事"时间,或者安德里亚将课程带到户外以适应孩子们的需要,这些都是为了生成课程的需要。

我们早期儿童教师都知道,在每一个教学日都会有非同寻常的时刻出现。这些时刻发生的事情和当时做出的回应,许多都没有记录下来。有时仅仅是因为发生得太多,我们没能记下所有的事情。在其他时候,却是因为很难找到一种兼具生成课程的灵活性和创新性的模式。

出于对授权机构(董事会、家庭和监察人)负责的需要,我们如何记下在生成课程这种动态变化的环境下所发生的一切？需要满篇填写的计划表或计划书，提前安排的活动，一条条罗列的教学单元，这些传统的做法并不能让我们将生成课程做好。教师们用了很多形式来让其他人看到生成课程开展的情况。这里有一些成功的案例，也有一些不成功的案例。

> 内奥米的日记
> 当意识到我是一个天生喜欢计划和组织的人，意识到生成课程会带来巨大的不同，有时我不得不嘲笑自己。制订教学计划的过程真的很具有挑战性。试图完全按照生成课程的要求进行教学会使人精疲力竭——学习生成课程的流程、语言，试着发展提问、观察、记录等艺术，在每天最后的反思时刻，仔细思考我那天的所见，并用探究的方式制订明天的计划实施途径。

有组织的、整齐的，但从不使用

典型的幼儿教育的工作计划表，如果确实有的话，它有些内容反映的是教学的日常工作，比如圆圈时间、游戏中心和小组时间。工作计划表还有部分内容是关于教室区域的，比如建构区、戏剧区和艺术区。教师的任务是在空格里填空。然而这种方法的问题是工作表不能显示出计划背后的思考，不能记录孩子们的疑问和兴趣，或者呈现教师对观察的回应。

这种类型的工作计划表更具有左脑理性的特点，或者说是有组织的、整齐的，但有时是不好遵循的。在早期儿童教室里会有无数意想不到的事情发生，对于想根据实际教学情况及时做出回应的教师来说，是不能简单地忽视这些事情的。例如，要考虑孩子们带来的有趣的项目，这些项目或者来自家庭，或者来自户外，或者来自从孩子们正在做的项目中产生出来的令人深思的问题。如何设计工作计划表才能把活动教学重点提前纳入表中？这种工作计划表形式更适合同步或者是线性发展和可预测的活动，不适合教师发挥创造性思维或记录来自孩子的创新思考和想法。

内奥米的日记

最近我花了很多时间试图创建一个教学计划模板，这对我们开展生成课程应该会有用。有了教学计划模板，就能让我们对每一天、每一周生成和发展的兴趣和话题一目了然。起初我们使用的是去年的日常计划表，将每天按照时间和主题排列；但很快我意识到我的计划安排错过了一些非常关键的因素。我开始感觉到事情有些脱节，因为随着时间的流逝，我看不到活动内容和进展情况。与预设课程相比，生成课程有很大的不同。当你使用一个预先设计好的计划安排时，教学方法和想法在设计之初就已经包括在内了。你通常相信那个计划安排中的要素安排是合理的，你能保证每天和每周的教学流畅地进行。生成课程除了需要你的日常观察，不需要你做任何准备，因此你需要快速地看到生成的想法、兴趣和正在发生的事情，否则你将错过很多！

我最新设计的计划模板能让我看到教学中心一周计划安排的价值，以及为我的小组、下午的文学活动和科学活动所做的计划的价值。这让我能够一眼看到我的所有日常职责，看到在一天里我是否了解了我负责的每个区域。它也能够让我看到每个区域每天发生的事情。我能够看到我前一天在小组里是如何开展活动的，比如科学活动，等等。

连接观察和课程

多年来，我在各种机构里共事过的幼教人员，一直在努力克服这样一种困境。为了记录好课程，我们一起设计并现场试验了许多种类型的格式，包括课程路径和网络、可以记录更多内容的双页面设计，以及简单的三列格式，试图充分展示生成课程的螺旋式发展特性。虽然有些设计比其他的设计略好，但这些设计并不能完全令人满意，本书中呈现了一些样本，供读者参考，以期帮助各位读者在设计自己的课程时受到一些启发。

当要试图解释生成课程是如何演变时，最有效的做法是呈现你的课程是如何来源于你的观察的。虽然对具体的儿童的观察必须要保密，但对观察的一般性概述还是可以共享的，这个概述反映了观察儿童游戏的内容，可供家庭和其他人看到课程生成的起源。因此，你可能希望文档表格中有空白的地方能够填写观察小结、教师回应（你根据问题、对话、邀请，或者环境的变化想尝试做的事情），以及随着观察而带来的课程计划的螺旋式深入发展的特性。

在一些机构中，我们尝试过一种4列表格（如表8-1所示）（可以从www.redleafpress.org下载和打印）。这个表格的第4列"后续观察"就是下一次反思和回应的出发点。这种方法的挑战是回应（在第3列）将可能会有几种形式：环境的改变、问题的提出、邀请孩子去探索的活动，等等。因此表格必须能容纳所有这些项目。

表 8-1

观察	教师反思	回应、邀请、对话、活动、项目	后续观察

类似的表格在另一所机构试用过，用在教室里的每个区域活动中，比如感觉区、书写区和建构区。不同的教师分工负责这些区域的观察和回应，并完成那个区域的文档记录。教师主导的活动计划，比如晨会、小组时间，写在单独的纸上。虽然这种方法相当好，但很耗时，产生了大量的书面工作，要去组织和储存。

如果你浏览过表 8-2 和表 8-3 之后，实际上，你能在你的脑海中感觉出，从观察到回应再到观察的过程，有一个锯齿形和螺旋形的发展模式。随着时间的推移，再反思以前的计划时，你也许甚至能够回顾或重复出当时孩子游戏的情况和教师的回应。在这样的回顾和重复过程中，生成课程的螺旋式深入发展的特性再次变得明显。

表 8-2

教室区域：观察区、科学区和建构区　　　　　　　　　时间：5月10日—14日
观察者：苏珊

星期一	星期二	星期三	星期四	星期五
回应/计划	回应/计划	回应/计划	回应/计划	回应/计划
回应以前关于运动的内容，让我们尝试光的运动/路径： ● 手电筒 ● 各种各样的纸 ● 镜子	继续用镜子做实验 支持孩子努力发现光穿过随机物体 创建光穿过纸的模式	回应会议中讨论的能量转移。让我们尝试利用球体和苹果钟摆找到能量是怎样移动物体的	进行"牛顿摆"实验	
观察	观察	观察	观察	观察
孩子们能够相当准确地预测光会去哪里 莎拉挑出随机物体让光照穿过 孩子们对光从镜面反射有点困惑	孩子们对使用剪刀做形状很感兴趣，有效地用手电筒来照射形状 孩子们将反射到墙上的形状称为"鱼形状"	孩子们似乎想出了一个能量如何从一种事物转移到另一种事物的理论	惊讶和困惑！孩子们惊讶地发现球的运动速度随着运动的球的数量而改变	

表 8-3

教室区域：观察区、科学区和建构区　　　　　　　　　时间：5月3日—7日
观察者：珍妮特

星期一	星期二	星期三	星期四	星期五
回应/计划 邀请孩子们去探究实验两个不同的表面：粗糙的和光滑的	**回应/计划** 提供一个斜面做实验，看车辆如何沿斜坡前进/向上/向下	**回应/计划** 邀请孩子们用重力和滑轮系统移动轿车和卡车	**回应/计划** 构建滑轮系统 鼓励孩子们将他们自己的物品附加在滑轮上	**回应/计划** 邀请孩子制造简单的汽车
观察 孩子们喜欢在粗糙表面推车子 他们阅读卡车书去比较不同车轮的尺寸	**观察** 孩子们用不同尺寸大小的汽车比赛，发现重的汽车跑得更快 他们增加斜坡的高度 他们增加碰撞的速度 他们增加一辆车的重量，猜测这辆车会跑得更快	**观察** 孩子们喜欢猜测需要多少石块能够移动那个重量 他们知道山越陡峭，能运的重量就越重	**观察** 孩子们真的非常喜欢构建滑轮 他们能够很独立地做这些	**观察** 使用各种材料（细枝做车轴，纽扣做车轮），在教师的帮助支持下，孩子们能够建造简单的汽车，用这些车子在斜坡上做测试

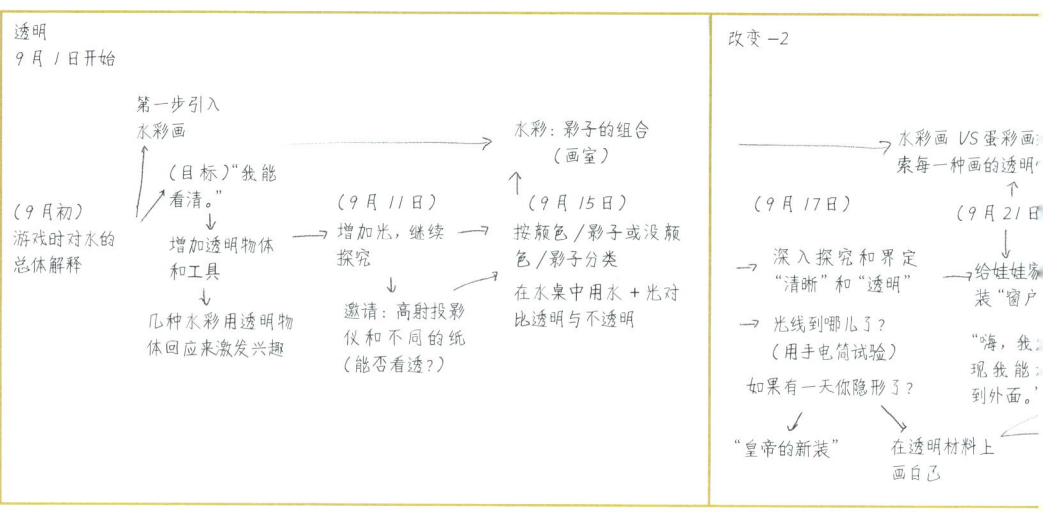

我和我的团队一直使用的表格留有空间来写观察小结、第二天活动计划、负责各组孩子和项目的教师。对孩子们的特定观察被分开保存，远离公众视线，因为里面包含孩子们的姓名，涉及隐私；然而，当有行政部门来参观学校时，它们可能被用到。因为有大量的信息在这种表里，我们已经将它横向折叠起来，这样可以放在活页夹中保存。

展示课程的长期过程

在反思课程时，检查长时间段内所发生的事情将是很有帮助的——最近的几周或几个月。当然，你可查看一个存储文件系统或活页夹检查每日的页面，它有助于你一目了然地了解，因为这个表格概述了孩子们的兴趣分类，他们后续参与的调查，从这个项目到其他项目的走向。

这种课程路径的记录使得我们与孩子长时间一起活动的过程，能够很容易就被看到，也能被用来与孩子们一起回顾。他们常常被他们已经

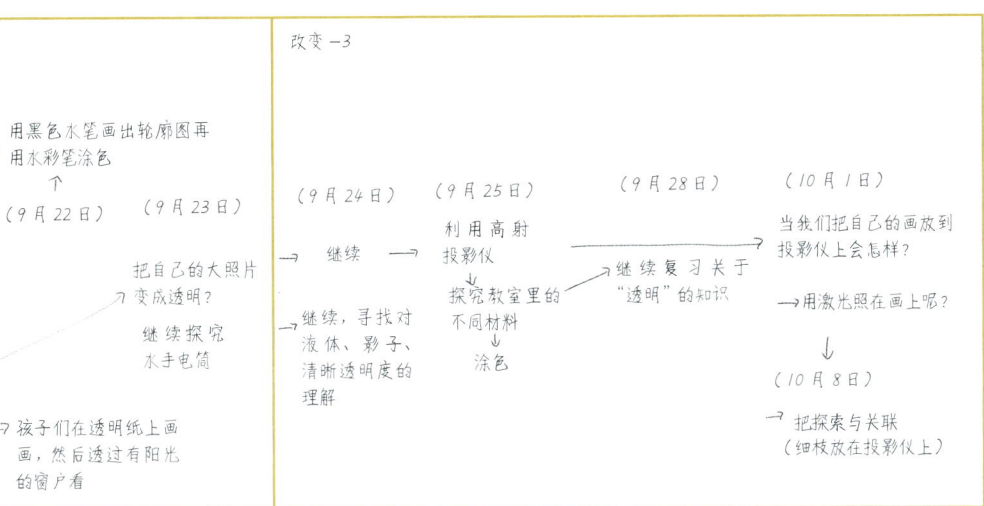

图 8-1　课程实施路径

做了的很多事情所感动并倍感兴奋。虽然教师们在开展生成课程时感到有点困惑，但当他们看到列出的过程时就不再疑惑了。课程路径记录也能帮助教师清晰地向其他教师阐述自己的探究过程，以及其中的迂回曲折。

图 8-1 是最近的课程路径记录的一个例子，来自哈利法克斯的文法学校中 4—5 岁孩子的课堂。

利用网络图的头脑风暴

多年前网络图是受欢迎的一种计划形式，就头脑风暴而言，仍然是有用的工具。在我们让想法涌现，并在与同事通过开会将这些想法组织成网络图的形式时，会有意想不到的收获，也会找到新的方向。

例如，当一群孩子对海洋感兴趣时，他们的兴趣可能会转向船、鱼、海盗、藏宝图，或某些完全意想不到的事物上。无论孩子们有什么想法或问题，都能添加到网络图中，新的网络图便会在这些走向中形成。

随着想法和兴趣的出现，它们会被编成编码来识别想法是孩子的，还是教师的，或者是两者合作产生的。这是很容易做到的，可以使用不同颜色的笔来写不同参考者的想法，或者用一种颜色的笔将孩子们的想法圈起来，用另一种颜色的笔将教师的想法圈起来。在这些方法里，调查的"轻重"就显而易见了；也就是说，不论共同的决定是在课堂上产生的，教学计划的方向是真正共同的努力，还是教师主导的，都很容易看出来。

当问题和想法被简单地标注在一个网络图上，而不是填在某些官方格式的计划单的空格里时，就会有一种源源不断的感觉。完成这些计划单填空比较乏味。格式自由的课程网络图可能更能让想法释放，把这些想法作为可能发生的事情写在纸上，而不是作为一定要完成的任务。当可能真正变成了活动或事件时，它们会被标注，还能满足授权机构或管理者的需要。

下面是一个用网络图表现对树屋的兴趣的例子。

我们无法想象观察树屋游戏会引发如此多的考察。如此多的事情发生——常常是同时发生的——这非常有助于我们在一个地方看到生成课程以及它的走向。

当我们不被条条框框限制时，我们的创造力就会得到充分发挥。我们没有感到完成填表之类的事情有什么压力，相反，我们能让我们与孩子的共同经历变得可见。如果网络图和课程路径记录能用可视的文档呈现的话，孩子们就可以直观地看到它，他们便能够很容易地回顾和记起他们曾经参与过的重要活动。

第 8 章 | 记录生成课程的挑战 113

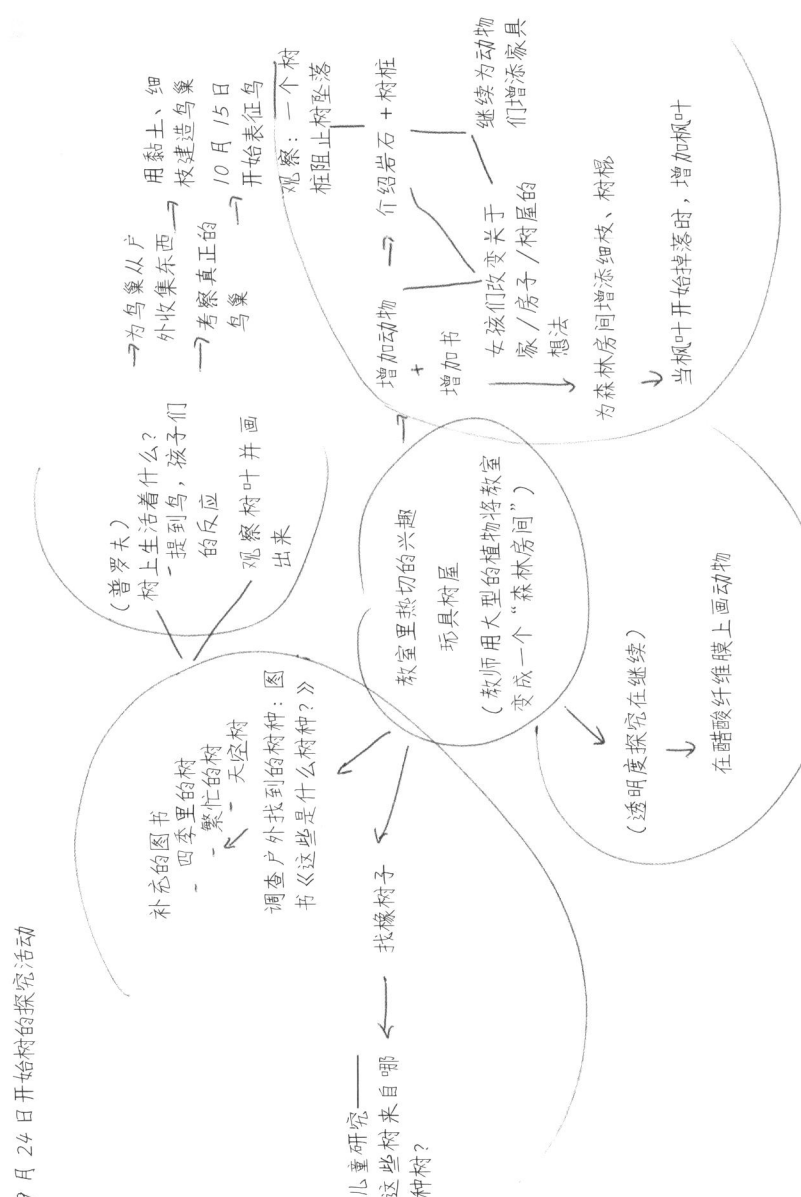

图 8-2 用网络图表现孩子们对树屋的兴趣

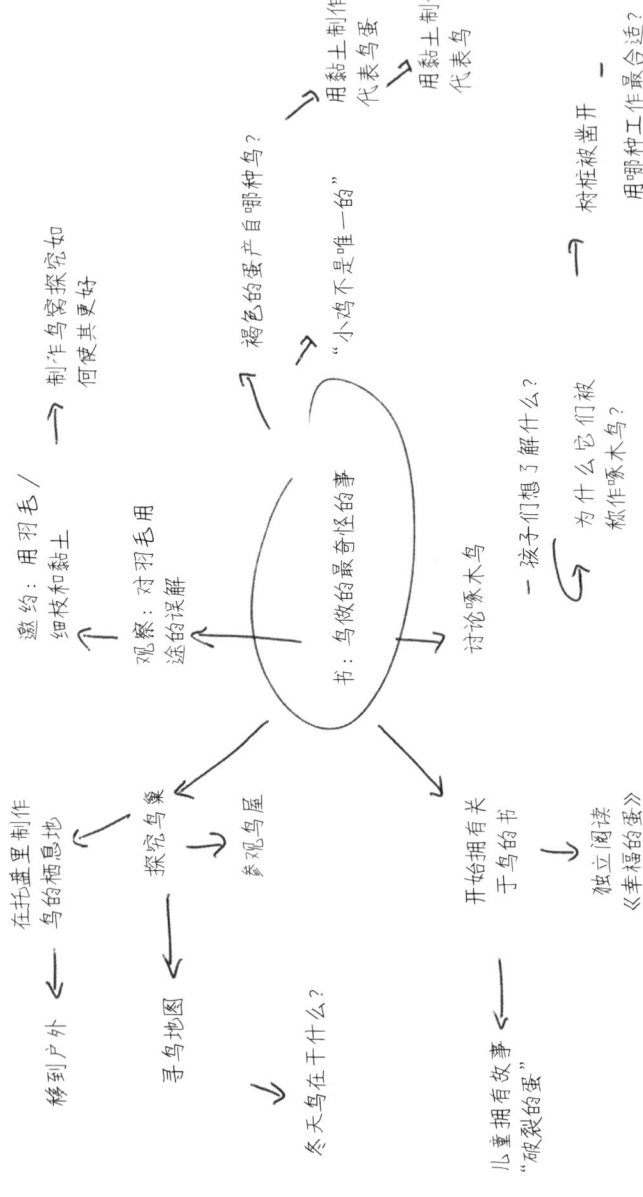

图8-3 孩子们对"什么住在树上"这一问题的回应主要集中在鸟上,这引发了对鸟和鸟的栖息地的深入考察

文档记录的是发生的故事

瑞吉欧·艾米利亚的同行已经为我们提供了很好的例子：如何让孩子们活动的视觉文档能够有意义，并让那些看到它的人产生深深的共鸣，同时有极好的审美效果。

北美洲和意大利北部以外其他地方的许多教育工作者经常使用这种教学文档，并发现在讲述孩子的活动故事，在学校、社区和早期教育领域与其他人分享等方面，它的价值是无法估量的。

文档记录可能被设计成不同的形式呈现出来，通常有物体的照片、儿童的活动痕迹，以及与对话相关的样本，甚至包括了教师自身的反思和生成的问题。

接下来的照片记录讲述了"活动是如何进行的"。

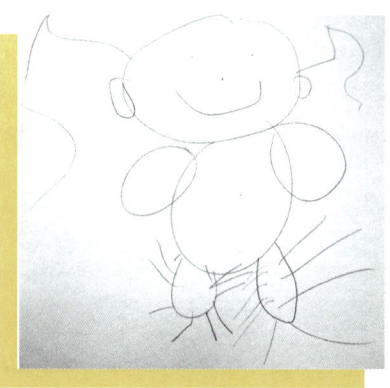

图 8-4 在树项目的活动过程中，孩子们开始把树当作家。他们专注于鸟，他们的第一幅画简单并且相当老套

 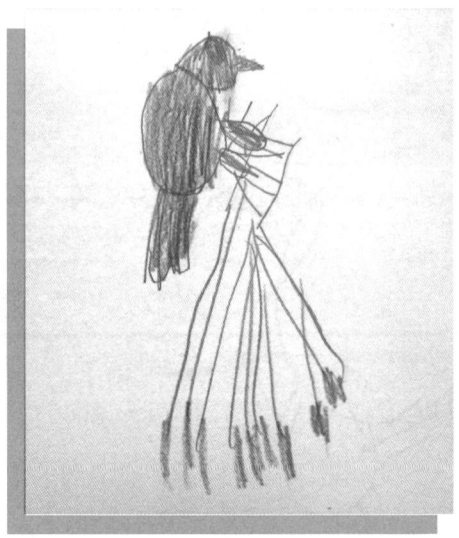

图 8-5　日复一日,孩子们选择画鸟,使用图书、模型和户外的鸟做参考。慢慢地他们的画变得复杂。大约两周后这些画画好了

图 8-6　随着孩子们的思考和对鸟巢的调查,他们从户外收集材料来做实验。他们把这些材料放在幻灯机上,他们开始思考鸟是怎么将这些材料拼接在一起的

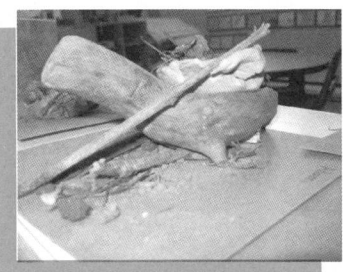
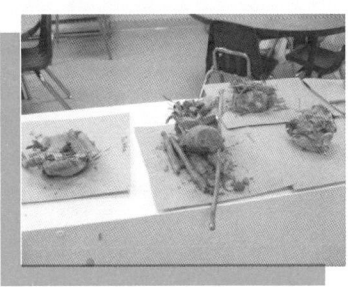

图 8-7 教师又提供了黏土作为启发，将黏土与从户外收集的自然材料放在一起。孩子们利用小组游戏时间做鸟巢实验

图 8-8 黏土为孩子们提供了一个很好的制作鸟的机会。诺亚看了许多关于鸟类的书，之前也掌握了很多关于鸟的知识，因为他和家人一起在户外观察过鸟类。他花了几天时间做这些模型。请注意蓝色松鸡的羽冠上的细节

图 8-9　对鸟类的研究引发了孩子们思考鸟类可能吃什么食物、它们如何获得食物等问题。在讨论了为什么啄木鸟啄树之后，内奥米通过提供树干，使活动得以延伸。孩子们做了一些在树干上钻洞的最佳工具的研究。他们戴上护目镜，用许多物体做实验，发现高尔夫球钉使用起来像找昆虫的猎手一样相当好。孩子们在坚持了许久之后，真正在树干上找到了一只活的虫子。他们得出结论：啄木鸟的嘴必须要很坚硬才能完成如此艰难的工作

当我们把所有团队成员、项目协调员及指导教师的文档记录都整合在一起时，我们会对自己的工作有更深刻的反思。文档记录解释了隐藏在我们所做的事情背后的强烈的意愿，很好地证明了我们这项工作的重要性。这项工作很耗时，但对于交流、儿童的学习和教师的专业成长却很有价值。

要尝试不同的计划设计和文档记录的方法，需要你的组织中其他专业人士的支持，或者也许需要额外的培训。它也需要改变参加早期儿童教育培训项目的教师的思维定式。

在过去，许多早期儿童教育培训项目是受小学日常活动计划方法的影响，但有思想上的转变。例如，在加拿大和美国有教师教育者和大学管理者尝试新的教师培训方法，反思早期幼儿教育的实践和理念，与小学教师的培训方法相当不同。下一章就是关于这样一个项目和一个人的故事，这个人敢于用不同的方式思考如何将早期儿童教育的理念用于教师的实践中。

> 当我们学着提出好的问题时,我们发现还需要另一种能力:这种能力是将教师和各个学生之间的问答转变为一个复杂的、能被整个教室关注的公共对话。当我让孩子们不要总是看着我,而是互相关注彼此时,孩子们将学到更多的东西。
> ——帕克·J.帕尔默

第9章 支持过程:教师教育项目和管理人员的作用

教师由生成课程获得的洞察力、创新实践能力和探索能力不是凭空产生的。对生成课程的幕后支持使得课程的展开成为可能,鼓励教师冒险和进行创造性思考。在这一章,教师教育者和管理者分享他们努力实施项目的故事,这些努力促进了深入调查、建构主义、有前途的实践,以及创新。

霍普的故事:促进放松

在阿尔伯塔省麦克默里堡,霍普·莫法特对成人教学充满激情。她不仅与学生的老师而且与其他董事会和委员会一起工作。通常由董事会和委员会召开的会议就"如何开议"或者"如何达到结论"严格地设定范本。在接下来的例子中,霍普分享了为这些范本松绑的方法。

霍普发现她对音乐的热情能让自己创造性地思

考。她认为这是因为音乐与人的右脑挂钩，会让人去发现以前隐藏的想法。她提供的下面这个例子来自家庭资源中心的董事会。这个董事会由8人组成，已经存在一年半的时间了。

董事会在人员组成上做了些改进，并聘请了一名顾问来实施这个过程。在一次全天会议中，上午，顾问用视觉图像做了一些有趣的工作，利用杂志和其他材料。午饭后，霍普尝试了一些更不寻常的事情，引导团队到楼下的一个大房间，在那里围成一个圆圈。她提供了许多种鼓，实际上，接下来形成一个击鼓圈，来感动和启发团队。他们一起打鼓打了大约一个小时，之后返回会议室继续开会。然后，在15分钟内，这个团队开发了一个情境：尊重儿童、接触家庭和联系社区。

虽然一些参与者感到是击鼓帮助他们创建了这个情境，但有许多因素涉及其间。这种凝聚力源自一起工作和参与不寻常的创造性的事务、击鼓的力量（也许是一种归属感和一起工作的感觉）、打破典型的会议模式引诱右脑进入行动状态，以及前面的可视化可能都发挥了作用。有趣的是当这种事情发生时，我们的左脑问"为什么"而不是简单地接受和享受结果！

会议、课堂和任何常规事件能够通过死记硬背来完全引导，或者，我们能够更改脚本。霍普的例子让我们看到，当我们将人们置于意想不到的情景中时，我们帮助他们从一种新的视角看事物，通过新的方式去理解。当人们信任他们团队的领导、指导者或管理者时，他们将更乐意尝试新的事物来放松思想，也许，这样就能有所创新。

不管我们处于什么立场，不管我们教育的或领导的是谁，或者不管我们服务的委员会是什么种类，尤其重要的是，当事情变得陈腐和停滞不前时，要去打破常规的做法和考虑其他的方法来挑战一下。我们放弃典型的方法越多，我们就越能开放自己去面对创新的想法。这些想法能带着我们前进。

洛里的故事：像鼓动者一样的项目协调者

许多早期儿童教育项目只有项目主管，也许还有一个助理主管，管理从课程预算到维护的所有的事情。其他组织机构选择不同的方式去组织员工来加强他们认为需要加强的地方。比如，在实验学校——在那个环境里作为学生的教师观察、实践和学习——重点往往在课程开发上。实验学校设置的实质要求贯彻理论联系实践的方法。

新罕布什尔州康科德的新罕布什尔州技术学院儿童和家庭发展中心（CFDC），雇用了一个项目协调人，而不是助理主管，来直接与员工一起做课程开发的工作。儿童和家庭发展中心在学生不实习时利用课堂时间实践生成课程，并教授生成课程实践背后的理论。儿童和家庭发展中心的目的之一是让理论在课堂的实践中被真切地感受到。

作为项目协调人，洛里·华纳支持员工对生成课程的学习和实践。她在3个教室（婴儿、学步儿童和学龄前儿童）85%的时间用来观察，与孩子互动，下午与员工轮番见面。洛里解释道：每个教学团队都是独一无二的，给他们的工作带来了一种不同的活力。

这个角色包含了什么？洛里实际上做了什么来支持教师对课程的思考？当教师们在讨论课堂上发生的事情时，洛里与他们一起思考。她引发好奇心，提出真正的问题，而不是试图提供答案。有时这意味着要保持一会儿的安静，以便教师们静心思考。洛里可能只是简单地问"为什么"来回应一个想法或计划。有时候，教师们和洛里一起进行头脑风暴，产生许多主意，创建彼此的想法，直到产生某些感觉适合特定儿童的东西。最终，孩子们的游戏、会话和问题的交集告诉我们接下来几天将发生什么。

在这些会议期间，挑战之一是让教师抛开他们的职责，允许他们花时间一起思考和交谈，讨论可能性和寻找答案。许多教师习惯于独自在自己的时间做这些。在早期儿童教育领域，给教师时间去对话是件罕见的奢侈的事情。洛里试图帮助教师们将时间和精力聚焦在交流和对话上，而不是每天的常规任务。哪怕是 20 分钟的讨论都会是非常有帮助的。

洛里也承担了文档记录员的任务。文档记录是一个重要的工具，不仅有利于对于家庭和学校之间的交流，而且对于学校本身也很重要。教师需要互相分享他们的工作以创建讨论点，再从这些讨论点扩展开来。寻找时间去制作文档和阅读其他人的工作文档会是一个巨大的挑战。洛里发现即使她在课堂外找到时间去为每个教学团队创建文档，这些文档常常还要用于与家庭的交流，她也不能记录下所接收到的大量信息与教师分享。如果她花太多的时间用于准备文档，她将没有时间走进教室或与教师见面。如果没有创建文档，那么就没有用于与同事、孩子和家长进行反思的参考材料。同样存在的问题是，实际上许多家庭根本没有时间在每天结束前阅读这些文档。教师还有机会在他们的工作日仔细阅读贴在墙上的文档和教室的日志，对于家长阅读这些档案就更难了，因为他们感到在家的游戏时间、晚饭时间和睡觉时间太短暂了。

洛里决定简单地询问一位家长，也是工作中心的教师：怎样才能够让她更容易地阅读文档。答案是用邮件发送文档到家庭或办公室，以便家长在空闲的时候阅读。这个办法吸引了洛里，她开始每周制作电子文档。每个班级一页的文档，内嵌照片，每周一次地发送给孩子的家长。这对洛里来说效率很高，更重要的是她书写的文档被更广泛地阅读，并从孩子家庭收到了积极的反馈。

> **课程连接：学步儿童 5 月 11 日—5 月 15 日**
>
> ### 你有新邮件了！
>
>
>
> 在家接收到邮件确实有助于使得"电子邮件"有效。在整个星期里，斯蒂芬妮小姐一直忙着与孩子们对话，去更多地获得他们对发送和接收邮件的理解。当她重复给孩子机会去创作一个"字母"并将相关信息用电子邮件发给孩子家长之后，她观察到孩子们想要重新准确创建他们的字母。他们选择同样颜色的纸，甚至回忆起他们以前的意图，试图同样地重新创作那些字母。
>
> 重复在儿童的发展中是很重要的。儿童总是在追求掌握一个又一个里程碑式的事情；不论是爬楼梯，还是骑自行车，控制能力伴随着更多的实践而产生。每次孩子重复熟悉的事情时，都会加深理解，激发他们去重新思考之前对可能性的理解。
>
> **字母识别**
>
> 观察：亨特借了一支笔并在沙地上写了一个字母"H"。这显示亨特有以前的经验和认识，因为他名字的第一个字母是"H"。认识到这种读写能力发展的重要性以及它是一个明显的兴趣来源，杰丝小姐创建了照片名字卡片，让孩子们用有意义的方式去探索和使用！
>
> ---
>
> **家庭连接**
>
> - 多次重复成功的经验。
> - 名字在儿童的生命中是一个重要和有意义的词。帮助儿童认识他们自己名字中的第一个字母，而不是期待他们记住字母表中的单个字母；其余的会通过好奇心和多次出现起作用。
> - 当你出去逛时，寻找熟悉的字母。

中心做文档的目的是对生成课程的复杂之处和使用这种方法需要的合作思维加以说明。当建文档的进程变慢时，洛里通过每个班级的一页纸能够寻找课程的进展路径，从教师那里获得意见，然后让文档呈现在家长面前。

对于洛里与儿童和家庭发展中心的员工来说，一起思考、回应孩子，然后通过文档说明协作，已经是连接生成课程和家庭的关键。利用今天的技术来促进这个过程是儿童和家庭发展中心实施生成课程进程中的一个重要的、创造性的步骤。

教师教育的性质

不同的教师教育课程有不同的为教师介绍课程方法和理念的方式。在学院，系主任和其他管理者期待教师的学习成果要能够清晰陈述，课堂计划表要提前筹划好，作业要能证明受教育教师已经知道他们应该学什么，考试和论文要展示他们的知识。尽管所有这些提前计划（尽管指导教师和学生还没有见面，更不用说去彼此了解）可能常常被用于传统的教师教育项目，这些传统的教师教育项目促进了教师对主题、单元和成果的学习，但那些运用生成课程教学的人发现这样的期待和提前计划是会让人困惑的。如果指导教师在教师教育中没有为生成课程的教学方法建模，教育者如何被教育得能在课堂上做到以儿童为中心和随机应变？

一些指导教师用创新的方法解决这个困惑。他们使用建模——"实践我们所宣传的"的方法——授权受教育教师自信地在课堂使用生成课程。这意味着指导教师的课堂教学要建立在以学生为中心的基础上，以便学生能"看到"指导教师在试图传递什么。其他教师指导者已经对实习课采取新的方法，重新思考他们以前的教案，重新思考的依据是受教育教师在实践中实际做了什么和如何做的。霍普·莫法特，敲鼓圈的策划者，已经在她的一个课堂中实验采取游戏的方法。

霍普在阿尔伯塔省麦克默里堡的一所社区学院任教。她要她的成年学生在观察和思考幼儿时看到各种可能性，要在课堂上培育而不是扼杀幼儿的创造性。霍普认为有了创造力才会足智多谋。她相信当孩子们根据自己的思考和游戏认识到了事情发展的可能性和机会时，他们就能够机智地应对接下来发生的事情。

一次，当霍普想要她的受教育教师理解教师主导的活动与以儿童为中心的活动之间的区别，她发现可以用艺术手段让受教育教师理解教师支配地位在具体方式上产生的影响。一天，她以"莫法特小姐"的角色来到班级。没有了原来温暖和灵活的形象，霍普变得严厉了，在艺术活动过程中，她要求学生根据指令而不是他们自己的喜好做事。然后，做对照，孩子又尝试没有教师期望目的的活动。学生以他们想要的任何方式使用材料，没有来自指导教师的指令，除了教师鼓励性的支持和反馈。

最后，霍普问受教育教师前后对照活动的不同体验，他们讨论了发展适宜性实践、他们被当作儿童来教育的方法，以及有极好的材料但没有创造性地使用这些材料的自由会造成怎样的感觉。15年后，霍普遇到了以前在这个班上的学生。那个学生告诉她，她"没法用其他任何方式来理解这个"。

接下来，另一个教师教育者分享了她如何完全重新考虑她的课程结构，以便学生能够体验利用观察来计划课程的真正含义。

凯瑞的故事：教师教育的不同

凯瑞·卡拉汉是安大略省汉密尔顿莫霍克学院早期儿童教育教授，她研究瑞吉欧·艾米利亚的教育理念和实践有许多年了。她对瑞吉欧·艾米利亚的思考影响了她培训学习早期儿童教育的成年学生的方式。像我们中许多从事早期儿童教育多年的人一样，她也熟悉丽莲·凯兹的工作，丽莲·凯兹指出如何被教比被教什么对我们具有更大的影响。这种观点对于教师的指导者特别重要，因为指令通常包括试图带来使受教育教师与儿童想法协调的观点和经验，并回应他们。受教育教师应该能直接地体验到这种教与学相结合培训的好处。即使"亲身实践"的学习被包含在一个教师教育课堂中，然而凯瑞意识到这个可能还不够。如果学生正在学的知识来源于教师原来头脑中已经记住的（而不是建立在经验、问题和学生的想法的基础上的），那么这种方法将与学生在生成课程理论上正在学习的理念和方法不一致。凯瑞认识到了这种不协调，做了以下评论。

> 有了这个认识是一回事，寻找到在高等教育机构适合的方法是另一回事。大学通常被委托去证明全省或全州的学习效果得到了保证，这样，需要详细的课程大纲和评估。这些甚至要在与学生见面之前由全体教师准备好，并让学生在第一天上课时就可以拿到。时间表是刻板的，课堂是有管理制度的。这些学校是层级管理，会面对复杂的权力问题，也会面对传统的观点的对抗，传统观点认为教师要有答案，教师教育者必须真正知道答案。来受教育的教师从他们还是幼儿时就已经是学徒了，并被那些年的教育方法所影响。他们不再像儿童一样是空海绵。不确切地讲，他们有明确的儿童观、教学观和学习观。当第一次接触到一种变化的教学方式时，那些在传统教学环境下已经学会如何成功的受教育教师可能会感到不安。他们一直在知识传输模式的接收端，为分数的竞争是通过记笔记、写测试、根据推论，或者完全根据被告诉的教师想要听的答案来回答问题。最后，还有实习课体验的问题，许多人相信这对职前教师有重要的影响。不幸的是，他们学到的东西远不够理想。这些因素

组合在一起，对那些希望对瑞吉欧教育方法有现场体验的人而言，是一种令人怯步的挑战。

当凯瑞读到苏珊·弗雷泽和卡罗尔·格斯特维奇的书《真正的童年》（2002）时，她开始看到一个感觉与她自己的课程脱节的方法。在书中，弗雷泽和格斯特维奇描绘了一个叫作"儿童教育教师"（Children Teaching Teachers，CTT）的项目，在这个项目中，孩子们来到大学课堂参与早期儿童教育（ECE）的学生计划的活动。孩子们的活动被学生用录像记录下来，整理成文档，并在孩子们下次来访前加以反思，文档和讨论被作为计划下一轮活动的基础。弗雷泽和格斯特维奇描绘的这种工作实际上是一个调查周期，它将活动、观察、文档记录、反思和计划付诸行动。这个周期对于凯瑞似乎是一个可靠的方法，让学生亲身体验建立在关系基础上的反思性实践。当她开始考虑如何在自己的学院启动这些实践时，凯瑞认识到了挑战。

我在安大略省南部的一个大城市的学院教书。我们实施的是为期两年的项目，每年大约有150名学生注册。那时我们的实验学校在慢慢消失，班级规模从45人到50人不等，我们所在的班级仅仅能容纳我们需要数量的椅子和桌子。我们没有早期儿童教育（ECE）课程的专用教室，这样当我们的上课时间结束后，另一个课程的班级紧随其后就进来上课了。我热爱瑞吉欧·艾米利亚的教育理念，我们社区发起成立了一个教育者网络，大家定期聚会讨论如何把瑞吉欧·艾米利亚的教学方法运用到我们的教学中去。我有真实的生活例子与学生分享，但这不够。我渴望给学生更丰富的体验。让孩子们来到我们这里的后勤工作比较难处理，但我想我们可以反其道而行之，让我们的学生走出去，到社区参加儿童保健项目。我在第三学期介绍了这个做法，称作课程Ⅰ（罗马数字1）。作为教师，多年来我们一直赞同学生远离主题式教学方法，获得对生成课程更深的理解。这使得课程成了被关注的焦点。课时安排是每周1次课，每次3小时，共14周。学生第一年学习的课程包括儿童发展、项目规划、创造性表达和观察。让这些课程与生成方法相符不容易，仍然需要努力。但学生们有能力学以致用，按照这个课程的要求不断调整自己。

前4周，我们一起在课堂试图揭示未曾清楚表达的关于儿童、教学和课程的观点。我们观看用不同方式与儿童在一起的视频，比如《鸟类游乐园》，这是在瑞吉欧·艾米利亚拍摄的，富有启发性；《看到需要时间》和《从大处着想》，这是拍摄于华盛顿州西雅图的山顶儿童中心。我们阅读加拿大教师的文章，这是关于他们转变与儿童在一起的方式的经历。多年来，我们没有这个课程的教科书，但最后我们采用苏珊·史黛丝的《早期儿童环境中的生成课程》一书，并发现该书非常实用。学生们被他们所看到和阅读到的东西迷住了，但又常常怀疑这些是否能运用到我们的教学中。这个课程的主要任务给了他们机会去尝试。

考虑对有用资源的使用，比如数码相机、摄像机和交通工具，学生们被分成6个小组。每个组分为A、B两队，每队由3人组成，共同负责一个课程项目，实施课程的主要任务。项目小组一直在探索生成课程，并处于课程实施的不同阶段。他们把这视作提高自己的一次机会。在课程的第 5 周，全部的课堂时间（上午 9 点到中午 12 点）被用于了解主项目。看护中心从孩子们的家长那里获得许可，允许由学生制作文档记录。理想情况下，小组中的一名学生在同一学期中完成现场实践，促进交流，帮助孩子们在被访期间保持兴趣。两个队花时间与孩子们和教师相互熟悉，拍照并记录孩子们的对话。

在接下来的一周，我们汇总经验。每组的 A 队和 B 队互相分享他们的照片和记录，并试图确认孩子们可能会有的问题，对研究价值形成结论。他们合作去头脑风暴各种可能性，为接下来的访问选择一种挑战项目。每个队有一名学生负责编辑选出的照片和叙述并做成文档。接下来的 6 周可以被描述成标签协同教学（tan-team teaching）。A 队带来现场观摩的原始文档和约定的材料，挑战进一步探索要解决的问题。每个学生都有一个角色。一个带头与孩子们互动，回顾文档，引出问题；一个负责摄影和摄像；另一个人记笔记。他们在上午 11 点与 B 队一起返回学院。B 队整个上午都一直在教室里，讨论议题和问题，这些议题和问题来自于孩子们的经历和阅读。两队一起看新的照片，讨论上午发生的事情，然后确定 B 队在下一周去中心时将如何继续。他们向我更新每周记录的条目内容，这样我知道他们如何解释与孩子们的相遇和接下来打算做什么。在下一次访问前我发送电子邮件回复。这样持续了 6 周，A 队和 B 队轮流，使用文档来提醒自己已经发生过的事情，这些事情是另一队上一周在那里的时候发生的。每次访问，学生们轮换角色，以便每个人都有机会带头互动，拍照和摄影，完成书面记录。每个人也负责写一篇文档。

重点在学习，而不是期待一个完美的项目。各队轮流观摩的间隔是一大难题。但这种安排能让每个队在每次观摩期间通过课堂收获更多，支持与儿童的有意义的对话，写成有效的文档记录，理解工作涉及的其他重要方面。在学期结束时，每个组向班级汇报他们所学到的东西，使用记录了与孩子共处经历的精选文档，获得有关向儿童提问及记录方式的反馈和建议。学生们根据学习成果及重要经验参与确定评价标准。他们也与同伴互评。

这个过程学生感觉如何？总的来说，这是一种与许多学生预期中大不相同的方法。如果你刚上大学，那么你可能记得曾经要听课、学习，并证明你已经学会的。我们如何做？通常，我们要有测验、论文和考试。将你自己的工作带到组里来讨论，这可能令人感觉相当气馁，特别是如果事情的发展与计划相去甚远。我们知道，孩子们通常有他们自己使用材料的想法，无论我们如何仔细地准备。

学习的桥梁

下面这个例子是凯瑞的学生工作的例子，这为他们提供了一个真实的学习经历，尽管含有一些不平衡。凯瑞的学生有许多深度的课堂讨论，讨论如何观察和反思，如何打破常规为儿童提供基于"儿童兴趣"的挑战。当一队学生来主持项目，但没有充分的材料准备，也没有对以"交通运输"为焦点的卡车游戏做出回应，那么儿童所获得的经验就会相当肤浅。但一个懂行的主班教师就会挽救这一天的活动，她会给学生时间去检查教室并深入思考他们的计划。

学生问教师是否有塑料船可用来放到游戏水箱中。教师相当了解课程的预期，明智地回答她不确定，所以她会确认，同时，建议学生环顾房间看看他们是否可以生成一个后备计划，以防万一。她给学生们几分钟的时间，但返回时还是带来不幸的消息——没有船可以用。

在这期间，学生们注意到教室里有很多文档，记录的是孩子们正在进行的桥梁探索。在教师回来时，他们已经想出了一个替代方案。学生问教师他们是否可以将矩形塑料箱从泄水台搬到积木区。教师高兴地同意了，并找到毛巾放在箱子周围。在箱子的一端放着印有道路图案的一个小垫子，垫子上放几辆车子，在箱子另一端放一片厚纸板，上面画有道路。当孩子们到达时，学生要求孩子们想办法把汽车从垫子上的道路开到厚纸板的道路上去。起初，孩子们让汽车飞过去了。但学生们要求孩子们去找到真正能越过水箱的方法（汽车是不会飞的）。一个两岁的孩子，走到积木架边选了最长的积木块。他试图将它架在水箱上，在两条路之间的纵向方向放置。水箱比积木块长，积木块掉到水里，溅出了水。一个学生过来介入，将水箱转了一下，让水箱较窄边与两边的道路衔接。孩子捡起掉到水箱里的积木，再次纵向放置，还是相同的结果。经过一点提示后，他再成功尝试将积木块放在水箱的窄的方向。这样，其他孩子们加入进来，用更多积木加宽桥面，制作成斜坡，终于可以高兴地开着汽车过桥了。学生们11点带着欢欣鼓舞的经历返回教室。他们看到一个孩子构建了知识。当他们学期结束在班级分享视频时，他们指出这个经历清楚地说明"教师作为挑战者"的意义。他们也分享了他们认为干预时转动水箱太快，应该鼓励孩子们协作解决问题。同时录像的压力会导致渴望一切都顺利进行，但使用录像这个工具来反思能让他们和同学一起去发现这些问题。他们也认识到如果那天有船，那个经历对于孩子们或对于他们可能不会那么丰富和有趣，尽管他们能够写出一篇文档说明孩子们通过玩船学到了什么。这是可以预测的，孩子们毫无疑问地会充满快乐。但现在，这些学生们发现更多生成的经历是可能的。

凯瑞这里描述的经历很好地展示了文档记录的力量和影响。当其他人阅读和查看孩子们的活动时，文档为他们提供了一个思考孩子们正在做什么的窗口。反思后才有回应的可能性。对于这些学生，一个全新的可能性出现了。

在这次实习经历中的另一重要因素，是合作教师的灵活性和开放性。她能够用手头各种材料和开放的心态，通过重要的关键点来支持学生。

凯瑞还解释了她社区的教育者如何聚到一起学习反思性实践的力量，以及在这个过程中，建立强大的联系来继续丰富他们的思考。

当然，我们是处于一个关系生态中。不可能送学生去一个没有提供支持条件的社区学习生成课程和尝试解释瑞吉欧教育理念的意义。在1998年，我开始在我的城市建立教育者网络，大家有兴趣定期聚会分享经验和学习。两年后，我向当地社区基金会提出了一个建议，寻求基金资助艺术家，这些艺术家可能有助于我们学习和深化对瑞吉欧·艾米利亚理念的理解。获得批准后，我们在2001年春季学期聘请了4位艺术家。经过8年时间，考虑过许多建议后，我们在总共17个项目中有了8位艺术家，举办了 8 次孩子们作品的年度展览，以及相应的文档。我们的网站 www.artistsatthecentre.ca 有文档的例子和文章的帖子，这些文章还发表在与项目相关的期刊上。

尽管我们在不同层面上获得了机会和支持，要想大规模的改变还是个巨大的挑战。在有改变的倾向之前，必然会出现一些不平衡、一些对现状的不满意。我们总是对已知的事情付出最大的努力。改变教学的方法则意味着我们已经做的事情是错误的，但有一个强大的动力来让我们坚持到底。迫于压力，我们会去适应环境，使用清单以及现成的行动指南和课程资源包，而非质疑我们实践的基础——我们的儿童观、教学观和学习观。当我们不是完全确定自己的时候，令人不安的是不知道接下来发生什么和不得不向其他人解释我们正在做什么。跨越了那些界限和踏实的学习能给人提供变革性的兴奋和一定的满意度。我们有幸遇到莱拉·甘迪尼、阿米莉亚·甘贝媞、卡利娜·里纳第（来自意大利瑞吉欧·艾米利亚的联络人和教育者），在多伦多附近举办来自意大利的"儿童的一百种语言"展览，这鼓舞了致力于改变的教育者们。当我们能够邀请社区的其他人加入我们，挑战我们，与我们一起学习，尝试解释这复杂而丰富的理念时，持续的变化就更有可能了。我们的灵魂将得到改变。

当指导者与成年学生一起工作，特别是在以传统方式开展教学的大学环境中，大家很容易会保持现状。更有挑战的和对每个人更有益的事情是为成年学生提供真实的、能创造对话机会的，引起一些不平衡的经历——这样能促进深入的思考——这些经历与课堂状况相关，身处其中的学生才能发现他们自己。当这样有意义的机会存在时，指导者在帮助建立一个富有批判性和创造性的思想者群体，他们最终能在职业生涯中做出成绩。

  培育成人去与幼儿一起工作的教育者和辅导教师的管理者，有很大的责任去考虑如何开发课程，如何让学习者以真实的方式经历和检验课程开发过程。不论在工作场所还是在大学课堂，重要的是要提供定期的专业对话和建立反思和回应实践的工作模式。指导者和管理者也必须经历一些不平衡。只有这样他们才能期望幼儿教师以新的方式，开放、灵活的心态与幼儿开展工作，与富有好奇心、关注幼儿的想法与观点的研究者们一起开展工作。

> 生命专注于发现是什么在起作用，而不是什么是"正确"的。重要的是不断寻找解决方案的能力。任何一个解决方案都是暂时的，没有永远正确的答案。保持改变、寻找现在什么在起作用的能力，是保持任何机体生命力的关键。
>
> ——玛格丽特·J.惠特利和迈伦·凯尔纳罗杰

第10章 飞跃：即兴的路径

从本书中教师的教育故事里，你可以看到在生成课程中教师和孩子们要通过共同努力才能做出选择和决策。当我们考虑如下因素，即观察的作用和影响，深思熟虑准备的丰富环境，教师和儿童的问题和想法时，我们会获得课程发展的许多可能性。

有选择对于教师和儿童应该是好事，但对于习惯于按照规定步骤完成课堂教学的教师和对于生成课程完全陌生的人来说，这可能是令人生畏的。如果给我们提供了能够做出创造性决策的环境，据此而做出决策，那么这是令人兴奋的，也是富有挑战性的。回想内奥米的第一篇日记和她所阐述的生成课程对新手造成怎样的刺激和混乱，可见生成课程会创造激情和造成不确定性。然而，总的来说，它让教师有了巨大的成长空间。

本书最后一章会对书中所描述过的生成课程项目的所有因素进行验证。对内奥米最初的项目有所描述，因为它是一个需要胆量才能面对、解决的主题，包含着创新的想法。内奥米暂停了之前学习到的课程教学办法，因为她考虑了许多的可能性，这些可能性她之前从未遇到过。

内奥米的日记

我开始不喜欢星期三了！我很确定上周三我也遭遇了同样的头痛，甚至全身疼痛！我被难住了，不知从预先计划的这个起点继续往哪里去。当我环顾教室，似乎只有几个孩子下午在专注透明度中心很投入地忙碌。也许没有参与的孩子们还没有完全了解如何使用那些材料。也许活动目的不是很明确或者邀请得不够有吸引力。是材料不够开放吗？我发现很难知道潜在的原因是什么。也许实际的情况很简单，因为许多人对探究透明度不感兴趣，但被违背意愿地处于"透明伞"下，被追问一些与透明度相关的问题，而他们头脑中有其他感兴趣的事情……我可能已经错过了。我不知道。

循着探究透明度项目的路径

9月，当孩子们新到一所学校，教师们试图更多地了解他们，教室里提供了相当典型的材料。不仅确保每个领域有宽敞的工作室，而且有用于建构、阅读、书写、探索自然世界以及做各种体验的场所。

内奥米负责下午的课程。作为一个团队，我们决定，既然4岁和5岁的孩子是天生的探索家，喜欢探索世界是如何运转的，那么我们开始将下午的课程专注于科学。从广义的角度来处理，我们假想，我们将很快通过观察和倾听来获知儿童确切好奇的东西和他们的观点。

在一年的这个月份，所有的孩子都满4岁了，除了两个孩子小一点。我们几乎立刻注意到3岁的儿童需要持续的感觉活动。他们被吸引到这些中心，花很长的时间在里面——长达1个小时。因此，内奥米每个下午会安排2到3个不同的玩水中心，这些中心广受欢迎。其中一个中心有一个大的箱子，里面有洁净的容器可以用来盛水，比如小玻璃瓶子和罐子、塑料袋、试管等。一个男孩亚当花了很长时间使用这些材料。经过几天的灌水和观看，亚当举起灌满水的塑料袋，对着光源说道："嘿，我能看穿这个！"

第二天，为了应对这个评论，清晰的玻璃块被添加到水里，两个孩子将玻璃块对着天花板上的灯看。一个孩子对另一个孩子讲道："你不能看透一块石头！"但是，通过进一步的实验，他们发现确实通过玻璃块的每一面都可以看透。另一个孩子将玻璃罐装满同样的玻璃块和水，说："你应该看不到了！"

当教学团队观察这种探索活动，注意到孩子们对于什么能或不能看穿的困惑，我们想到了一个问题：有多少孩子能理解透明度？

你可能已经注意到孩子们在使用透明材料时，会举起一个物体想要透过它看。教师很自然的回应是提供更多的材料，并与孩子们交流他们所看到的。而这个案例中，是孩子们的评说激发我们教学团队去思考孩子们真正理解的内容。这种"听的习惯"在进行生成课程时非常重要。

在教学团队讨论孩子们的评说过程中，进一步探索透明度的想法开始形成。虽然这不是一个典型的幼儿探究项目，但我们感觉这与孩子们在讨论的东西直接相关。他们的言行让我们能看到他们的思考、理解和误解。

同时，其他孩子们在积木区建造城市。内奥米想知道他们能否将他们的积木城市画成地图。为了回答她的疑问，她使用投影仪和透明胶片，让孩子们尝试画教室的地图。

很快就明显了，孩子们对投影仪和透明胶片比对画地图更感兴趣。许多孩子天天都聚集在投影仪周围。在接下来的两周，内奥米提供了丰富的实验活动让孩子们体验光、影子、颜色，并观

图10-1　孩子们第一次探究水和透明材料

察孩子的理解和误解情况。

在观察行动中的儿童时，很难知道怎样去回应。在这个案例中，内奥米不确定是否要去继续跟随在构建复杂的积木方面的强烈兴趣。在这样的实例中，承认你有仍然未获解答的或困惑的问题对你很有帮助。有了这样的心态就可能对自己提出疑问，比如"我如何确定这是否值得探索？"

第 10 章 | 飞跃：即兴的路径

图 10-2　教师和儿童进一步利用投影仪和盛有颜色水的托盘来探索透明度

图 10-3　孩子们在投影仪上探究自然材料

图 10-4 孩子通过玩水探索透明材料

图 10-5 孩子透过她画在醋酸纸上的画凝视过来

对于内奥米，启发孩子们画城市的地图是一种她感觉能给她答案的方法。如果孩子们积极地回应这个想法，她将跟随他们，并且会有两个调查同时进行（画地图和透明度）。如果没有，她会简单地放弃画地图活动，让孩子们继续按照他们自己的议程进行构建。就如故事显示的，对她的请求孩子们有了意想不到的回应，实际上这最后与正在进行的透明度探究联系了起来。

教师提供了许多实验的选择和时间作为回应。时间是生成课程的一个重要方面。正如早先讨论的，我们都需要时间来吸收新的信息，去运用好玩的和实验的方法，去一遍又一遍地尝试，来完善我们描述所发现的东西的方法。不论成人还是儿童都确实需要。如果我们想真正了解孩子们的想法和知道他们接下来要做什么，那么给孩子们时间——在这个案例中是数周的时间——去尝试一件新的装置（反过来有助于他们巩固对新概念的理解），这是至关重要的。教师也需要时间去仔细倾听和思考正在展开的事情。

> 孩子们自由地使用许多种不透明、半透明和透明的材料在投影仪上进行探究。他们还使用教室里的日常材料，按照投影出的是有颜色/阴影或者没有颜色/阴影来将它们分类排序。在这个过程中，内奥米观察到孩子们到达了一个"认知节点"，意思是他们有时混淆了"清晰的"和"白色的"，同时他们也明白事物不能同时是有颜色和透明的。

注意在这个日记里，虽然内奥米承认孩子们的认知中有一个节点，但她没有急于解答。这时她想到了鹰架理论，她认为提供支持和材料鹰架儿童的学习将更有帮助，这能让儿童自己达到对事情的理解。

这时教学团队需要将与孩子的对话录音以便更好地了解孩子们的想法。这个对话让孩子们更明确了如何清晰地表达他们已经知道的东西，对内奥米来说，这使得她更清楚如何将探索向前推进。这一系列的对话花了几天的时间，内奥米花了很长时间才转写出来。

为了帮助孩子们区分"清晰的"和"白色的"，教师让孩子们在白色的纸和透明的胶片上画画。其中的一些孩子学习在纸上临摹图画，另一些孩子能够通过投影仪看到他们在透明胶片上的图画。

教学团队螺旋式地再上升到对话和反思，这在项目和调查过程中一遍又一遍地发生。这种交流、反思、分享想法、合作制定决策是生成课程的一个重要方面，并需要定期地包含在我们的教学生活中。直接回应孩子们的困惑是澄清孩子们难理解的概念的一种很好的尝试。还有另一种启发孩子的形式，它允许孩子们建构他们自己的知识。

在团队对讨论录音进行反思之后，内奥米感觉孩子们理解了术语"透明的"，决定向孩子们介绍与之有联系但又有所不同的术语"看不见的"，看看他们会有什么反应。他们一起阅读《皇帝的新装》。然后孩子们在白纸上画了一幅他们自己的肖像，并放在投影仪上勾画。

教师问孩子们："如果你是透明或看不见的，你看起来或感觉像什么？"孩子们解释了看起来或感觉像什么，他们的话被写在透明胶片上：

- 如果我是看不见的，我爸爸将是看不见的，我的祖母不能看到我的眼睛。
- 如果我是看不见的，我会撞到东西。
- 如果我是看不见的，我感觉自己好像在飞。
- 如果我是看不见的，这就像我在空中飘浮。

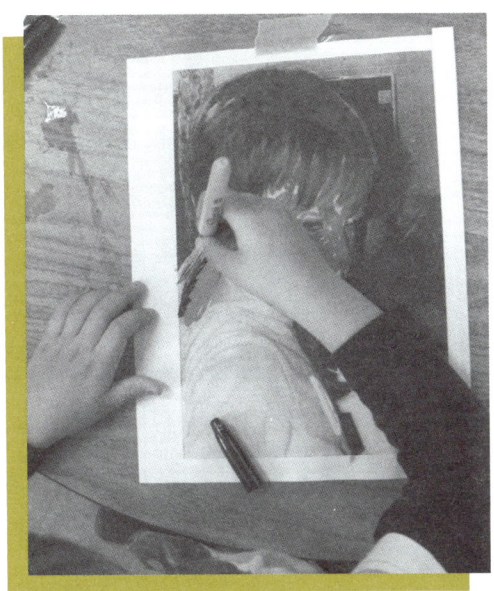

图 10-6　醋酸纸覆盖在黑白照片上，这样孩子能在上面画或者填涂色块

孩子们花费几周时间，用了大量材料去探索，巩固了他们对"清晰的""透明的""穿透的"和"看不见的"这些词的理解。当他们开始理解了这些术语，我们想知道，孩子们是否能在教室里长久地将透明胶片作为一种工具来使用，就像他们使用铅笔、颜料和胶棒一样。醋酸纸放在工作室区域供孩子们继续使用，我们观察着、等待着，想知道孩子们和教师们将如何使用这个新的材料来作为进一步学习的工具。

孩子们有时间来巩固他们的理解，然后再继续。在他们继续其他的与透明度无关的项目和调查时，透明醋酸纸被作为他们调查中的一个重要部分，被继续保留在工作室里，变成保留材料的一部分，在需要时被重新使用。

内奥米的日记

当我回想起我过去使用的教学方法和评估方法时,我想知道孩子们是否真正理解或者仅仅能够背诵他们认为我想听的。很多次我想知道为什么有如此多的困难使得他们难以深入地理解,缺乏跳出成规的能力,或者缺乏假设和推断。这可能是因为我告诉他们需要学什么却不允许他们去想,不允许他们去好奇和探究吗?我想我没有退让哪怕有一次,去看看他们真正理解的是什么,而不是只看他们能做什么。反思要求回头看,教学是一个不断向前、永无止境的旅程。

在一天结束的时候,所有的教师和孩子们回家了,留下我独自面对笔记、空白的计划表,缺乏生成课程的经验(只用一般的教学经验)。我感觉自己就像一个被外语环境包围着的外地人,我是唯一不懂的人。界限在哪里?这个界限是为了区分两种环境:一种环境是为独立的探索提供丰富的材料和机会来支持学习而创造的环境;另一种是被过分建构,不够开放,不利于探究的环境,这种环境按照我的需要去计划和准备,并且被仔细准备和安排好所有事情以致我一不留神地为他们做好了所有的工作,让他们不需要思考和质疑。(气喘吁吁!)

哇!我感觉很兴奋。如果我正确地记住这个术语,我想我观察到了(实际上是注意到——我开始看到它们是两种不同的事情)一个"认知节点"的例子。在使用不同的类纸材料去探索透明度时,当我问投影胶片是什么颜色时,J.称是"白色的"。然后我向他展示一张白色的纸并问它是什么颜色时,他再次说是"白色的"。突然,在他看了透明胶片和纸后,他满脸疑惑。很明显他能区分两者之间的不同,但他要么没有合适的词来表达，要么没有理解"清晰的"词语的含义。

附言

在探索透明度之后的两周，孩子们转而沉浸在对人类身体的研究之中，他们表现出对身体内部有着特别的兴趣，因为许多孩子来自医疗行业的家庭，他们对这个话题有大量的先验知识。他们使用正确的器官术语，知道许多器官的功能，能够精确描绘人体的内部构造。

在阅读一本关于人体的书时，一个术语让孩子们感到困惑了。他们似乎不理解模型是做什么用的，尽管他们已经看到人们在使用模型。在教学团队的碰头会中，教师想知道："孩子们对透明醋酸纸的运用是否能使他们展示他们认为的在模型里面发生的事情？"

这是一个机会，让我们在更高一个层次回到透明度的想法，利用透明度作为工具来让孩子们理解另一个话题。教师们提出他们自己的问题，从而参与到展现课程的合作中。然后进行头脑风暴来支持孩子们探索对模型的理解。这是一个完美的例子，可以说明生成课程反反复复的本质。来自儿童的问题导致部分教师的反思和头脑风暴，使得他们为孩子们提供更进一步的调查。

在关于骨折的谈话之后，工作室又有了一个新的要求。孩子们能使用醋酸纸作为常用的纸来弄明白模型内外发生着什么吗？这里有他们思考的结果。

这个透明度的探究表明有趣和发人深省的课程会有一个简单的开始。在这种情况下，孩子能看穿水，教师通过提问的方式为孩子们提供一些启发，引导孩子进行头脑风暴，这样的过程循环往复。

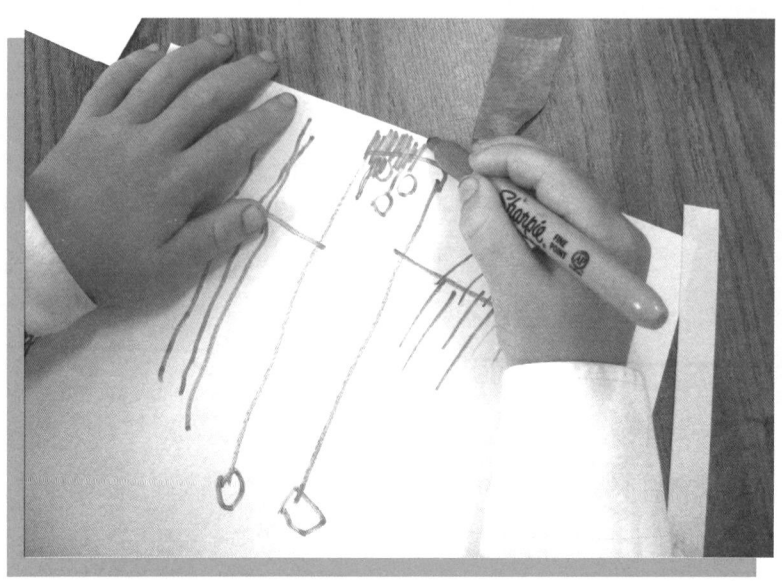

图 10-7 最初的画被画在纸上

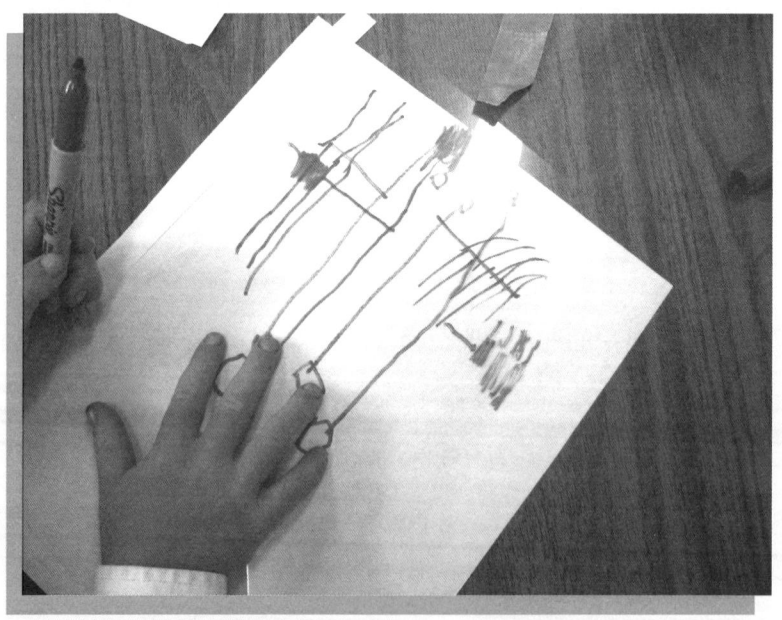

图 10-8 另一张画被画在醋酸纸上,并被放置在最初的画上。这个孩子现在明白模型内外发生的是什么了

内奥米的日记

这周我到达了这样的阶段：不确定接下来计划做什么。与我的同事交谈后，我被提醒无论我何时到达这一步，我需要一直走向源点……儿童。如果我使用一个预设的课程，我将对结果导向或者单元总览进行论证商定，但若使用生成课程，那么儿童是灵感的来源。得到这些提醒后，我开始提出更多的提示性问题，更密切地寻找孩子们可能产生的误解。

总结

开发课程时，教师对细节的关注为探究提供了可能性。使用生成课程的课堂，以观察和倾听小的细节为第二天性。教师开始收集如此多的数据——书面的、照片的或记忆中的——于是有大量的信息用于讨论并发挥作用。当我们创建了许多的可能性时，更多的创新、创造和意想不到的机会就出现在回应之中。以这种方式，通过探究意想不到的话题和将教师放在研究员的角色，幼儿课程会向前推进，教师和学生能够发现和重新找回学习的热情。

在阅读和思考过生成课程后重返回课堂时，教师尝试通过新的眼光看待环境、设备，最重要的是看看孩子和他们的想法。

允许你去梦想。 当你让自己想象，没有审查制度和逻辑要求，你就可以打开你的心灵，给创造力一个繁荣发展的机会。

参与其他人的交谈。 不要把你的梦想、思想和主意保留给自己。当你与其他教育者、艺术家和专业人士分享你的思想时，这将为你增加更多的机会去开发新的教学实践方法，找到一种定期讨论的方法。它们花费不了什么，但产生的可能性却会是无限的。

适应不均衡。步入成人生活，当开始考虑所有的新方法时，你通常会感到焦虑。但当你意识到打破平衡可能是一种积极的力量时，你能学会接受它，甚至享受它。

寻求支持或者支持别人。每个经历过一段时间职业性和创造性增长的人，都需要一个强有力的支持者——他是一个鼓舞者、一个好的倾听者，一个善于发现难题、能引人深思的倡导者，寻找一个你支持的并且支持你的人。

承认你的成功，无论这个成功多么小。美好的事情发端于小的变化，并认识到这些变化的重要意义，与同事、家人庆祝和谈论这些成功与变化。

早期儿童课程非常重要，需要全社会严肃认真地对待。通过幼教界内外对前沿课程的关注，我们能够推动我们的职业不断前行、不断上进。

在学习的旅程中，教师与孩子们共同探究和合作，在这个过程中一起思考，我们重新发现了孩子们已经知道的和愿意教我们的：人类是天生具有创造性的。当我们带着愉快和真正的好奇心观察、倾听、经历新事物，然后以我们的先验知识和直觉知识做出回应时，一个真正迷人的课程就生成了。

附录：空白的观察表和计划表

附 表 1

观察	教师的反思	回应、邀请、对话、活动、项目	后续观察

注：来自 2011 年苏珊·史黛丝所著《即兴课堂：行动中的生成课程》，红叶出版社，www.redleafpress.org。本页可以复制，仅供课堂使用

附　表 2

教室区域：_____　　　　　　　　周次：_____

观察者：_____

星期一	星期二	星期三	星期四	星期五
回应 / 计划	回应 / 计划	回应 / 计划	回应 / 计划	回应 / 计划
观察	观察	观察	观察	观察

注：来自 2011 年苏珊·史黛丝所著《即兴课堂：行动中的生成课程》，红叶出版社，www.redleafpress.org. 本页可以复制，仅供课堂使用

参考文献

1. Carter, Margie, and Deb Curtis. 1994. *The Art of Awareness: How Observation Can Transform Your Teaching*. St. Paul: Redleaf Press.

2. ———. 1994. *Training Teachers: A Harvest of Theory and Practice*. St. Paul: Redleaf Press.

3. Copple, Carol, and Sue Bredekamp, eds. 2009. *Developmentally Appropriate Practice in Early Childhood Programs Serving Children from Birth through Age 8*. 3rd ed. Washington, DC: National Association for the Education of Young Children.

4. Csikszentmihalyi, Mihaly. 1990. *Flow: The Psychology of Optimal Experience*. New York: HarperCollins Publishers.

5. ———. 1996. *Creativity: Flow and the Psychology of Discovery and Invention*. New York: HarperCollins Publishers.

6. Dittman, Laura, ed. 1970. *Curriculum Is What Happens*. Washington, DC: National Association for the Education of Young Children.

7. Duckworth, Eleanor. 2006. *"The Having of Wonderful Ideas" and Other Essays on Teaching and Learning*. 3rd ed. New York: Teachers College Press.

8. Fraser, Susan, and Carol Gestwicki. 2002. *Authentic Childhood: Experiencing Reggio Emilia in the Classroom*. Albany: Delmar.

9. Gandini, Lella, and Carolyn Pope Edwards, eds. 2001. *Bambini: The Italian Approach to Infant/Toddler Care*. New York: Teachers College Press.

10. Goldsworthy, Andy. 1990. *Andy Goldsworthy: A Collaboration with*

Nature. New York: Harry N. Abrams.

11. Goleman, Daniel, Paul Kaufman, and Michael Ray. 1992. *The Creative Spirit*. New York: Penguin Books.

12. Helm, Judy Harris, and Lilian Katz. 2001. *Young Investigators: The Project Approach in the Early Years*. New York: Teachers College Press.

13. Hill, Lynn T., Andrew J. Stremmel, and Victoria R. Fu. 2005. *Teaching as Inquiry: Rethinking Curriculum in Early Childhood Education*. Boston: Pearson/Allyn & Bacon.

14. Jones, Elizabeth. 1993. *Growing Teachers: Partnerships in Staff Development*. Washington, DC: National Association for the Education of Young Children.

15. Jones, Elizabeth. 2007. *Teaching Adults, Revisited: Active Learning for Early Childhood Educators*. Washington, DC: National Association for the Education of Young Children.

16. Jones, Elizabeth, and Renatta M. Cooper. 2006. *Playing to Get Smart*. New York: Teachers College Press.

17. Jones, Elizabeth, and John Nimmo. 1994. *Emergent Curriculum*. Washington, DC: National Association for the Education of Young Children.

18. Kaminsky, Judith Allen, and Lella Gandini. 2005. "The Challenge of Diversity: An Interview with Carol Brunson Day and Margie Carter." *Innovations in Early Education* 12(4): 17-23.

19. Kaulbach, Kathy. 2010. Personal correspondence with author.

20. Keeler, Rusty. 2008. *Natural Playscapes: Creating Outdoor Play Environments for the Soul*. Redmond, WA: Exchange Press.

21. Kinney, Linda, and Pat Wharton. 2008. *An Encounter with Reggio*

Emilia: *Children's Early Learning Made Visible*. New York: Routledge.

22. Louv, Richard. 2008. *Last Child in the Woods*: *Saving Our Children from Nature-Deficit Disorder*. Chapel Hill: Algonquin Books of Chapel Hill.

23. Palmer, Parker J. 1998. *The Courage to Teach*: *Exploring the Inner Landscape of a Teacher's Life*. San Francisco: Jossey-Bass.

24. Project Zero. 2003. *Making Teaching Visible*: *Documenting Individual and Group Learning as Professional Development*. Cambridge: Harvard University Graduate School of Education.

25. Rinaldi, Carlina. 2006. *In Dialogue with Reggio Emilia*: *Listening-Researching and Learning*. New York: Routledge.

26. Robinson, Ken, with Lou Aronica. 2009. *The Element*: *How Finding Your Passion Changes Everything*. New York: Viking.

27. Stacey, Susan. 2009. *Emergent Curriculum in Early Childhood Settings*: *From Theory to Practice*. St. Paul: Redleaf Press.

28. Von Oech, Roger. 2002. *Expect the Unexpected or You Won't Find It*: *A Creativity Tool Based on the Ancient Wisdom of Heraclitus*. San Francisco: Berrett-Koehler Publishers.

29. Wheatley, Margaret J., and Myron Kellner-Rogers. 1999. *A Simpler Way*. San Francisco, CA: Berrett-Koehler Publishers.

30. Wien, Carol Anne, and Susan Kirby-Smith. 1998. "Untiming the Curriculum: A Case Study of Removing Clocks from the Program." *Young Children* 53(5): 8-13.

31. Wien, Carol Anne, ed. 2008. *Emergent Curriculum in the Primary Classroom*: *Interpreting the Reggio Emilia Approach in Schools*. New York: Teachers College Press.

摄影致谢

第 49 页的照片由 Anne Marie Coughlin 提供。

第 97—98 页的照片由 Andrea Foster 提供。

第 68—76 页的照片由 Susan Hagner 提供。

第 100—101 页的照片由 Shannon Harrison 提供。

第 24 页的照片由 Elizabeth Hicks 提供。

第 33 页和第 35—36 页的照片由 Lana O'Reilly 提供。

第 26 页和第 56—59 页的照片由 Melissa Pinkham 提供。

第 140—141 页、第 142 页（上）和第 145 页的照片由 Naomi Robinson 提供。

第 88—92 页的照片由 Liz Rogers 提供。

第 78 页的照片由 Michelle Tessier 提供。

第 125 页的照片由 Lori Warner 提供。

所有其他照片都是 Susan Stacy 拍摄的。